Impressum

JWM GmbH
Am Forstacker 12b
13587 Berlin
Fax: 030 339 771 78

ISBN-13:
978-1533065537

ISBN-10:
1533065535

Und dahinter war die Hölle

Die ergreifende Geschichte zweier Schwestern.

Biographie
von
Martina Wolf und Sabine Reiv

Inhaltsangabe

VORWORT

Liebe Leserin, lieber Leser,

das hier ist die Geschichte zweier Schwestern, über die unglaublichen, vielen schrecklichen Erlebnisse in einer Familie, die wohl alles andere, als auch nur ansatzweise als normal zu bezeichnen ist.

Zwei erschütternde Biographien, die sich wohl kein Drehbuchautor für einen Psychothriller ausgedacht hätte, da er einfach absurd und völlig unglaubwürdig erscheinen würde.

Das Buch beschreibt das Erlebte, beschreibt nur Tatsachen. Alles ist wirklich geschehen. Nichts erfunden, eher noch weggelassen. Es handelt von Ereignissen, über die zu sprechen wirklich nicht einfach ist.

Die Begriffe Vater und Mutter haben für die beiden Schwestern nicht die Bedeutung, die andere Menschen mit diesen Worten in Verbindung bringen; nämlich Liebe, Geborgenheit und Fürsorge. Vielmehr erinnern diese Worte die Beiden an Schmerz, Hass und ungeheuerliche Angst.

Ihre erlebte Vergangenheit hat dazu geführt, dass sie sehr viele Jahre keine Verbindung mehr zueinander hatten. Der tiefliegende Grund dafür war wohl, dass sie damit unbewusst glaubten, das Erlebte zu verarbeiten oder wenigstens, es zu versuchen.
Allein.
Jede in ihrem eigenen Leben, in ihrer eigenen Familie.

Jeglicher Kontakt hätte wieder und wieder zu Erinnerungen geführt und alles würde wohl nie ein Ende nehmen. Martina, die Ältere, und Sabine leben seit vielen Jahren in verschiedenen Bundesländern.
Berlin und Bayern.
Also weit weg von dem Ort, an dem sie in der Kindheit und Jugend so viel Leid ertragen mussten. Weit weg von dem Ort, der ihnen doch noch so oft als Alptraum urplötzlich in unterschiedlichen Situationen in den Kopf schießt.
Doch vor der Vergangenheit gibt es kein Weglaufen und auch kein Verdrängen. Alles

kommt wieder und wieder ins Gedächtnis zurück.
Es gibt kein Vergessen.

Nach über zwanzig Jahren trafen sich die beiden Schwestern wieder und beschlossen, ohne lange zu überlegen, einen Schlussstrich zu ziehen. Alles aufzuschreiben, aufzuarbeiten und endlich abzuschließen.
Bei der Bewältigung dieser Aufgabe sind erneut, diesmal aber gemeinsam, sehr, sehr, viele Tränen geflossen.
Die Erinnerungen an die Vergangenheit spülten tiefste Gefühle an die Oberfläche. Dadurch zeigte sich, dass weder bei Martina noch bei Sabine, trotz all der Jahre, die Geschehnisse verarbeitet werden konnten. Vielleicht sogar nie verarbeitet werden können.
Dafür ist zu viel passiert.

Obwohl sie altersmäßig über zehn Jahre auseinander sind, haben sie sich entschlossen, ihre Kindheit und Jugend zu Papier zu bringen.
Jede für sich.
Und doch gemeinsam.

EINLEITUNG

Ostern 2015. Nach über zwanzig Jahren sitzen meine Schwester und ich uns gegenüber und sind überglücklich.
Wir haben wieder zueinander gefunden.

Wie viele Tassen Kaffee wir bereits getrunken haben, wissen wir nicht, aber dass wir uns nie wieder los lassen werden, das wissen wir ganz genau. Unser erstes Wiedersehen seit Jahrzehnten. Ich konnte es gar nicht erwarten, dass der Flieger aus Berlin endlich in München landet. Und nun sitzen wir hier, zusammen auf meiner Terrasse in Bayern. Für andere Geschwister eine Selbstverständlichkeit. Für uns jedoch ein völlig fremdes, aber wunderschönes Gefühl.

Natürlich hatten wir uns sehr viel zu erzählen. Denn zwanzig Jahre ist eine lange Zeit. Jede von uns hat das Eine oder Andere erlebt. Obwohl uns die vielen Jahre trennten, waren wir gleich eine Einheit. Gerade so, als ob wir uns erst gestern verloren hätten. Einfach unglaublich schön.

Wir redeten drei Tage und drei Nächte. Über unser Leben, unsere Kinder, über alles, was inzwischen in unserem Leben von Bedeutung geworden ist.
Aber auch über unsere Vergangenheit in unserem Elternhaus, die wir wegen unseres Altersunterschiedes, nur teilweise gemeinsam erlebten.
Jede von uns hat ihre eigene Vergangenheit, ihre eigenen dramatischen Erlebnisse. Jede von uns hat Unfassbares erlitten.
Mit der Zeit lagen wir uns nur noch weinend in den Armen, jede die Andere tröstend.
Sofort waren alle Bilder wieder in unseren Köpfen, der Ort, das Haus, die grausamen Erlebnisse...alles war wieder da.

Als wir dann beide feststellten, dass wir seit Jahren den gleichen Gedanken hegten, nämlich ein Buch über all die Geschehnisse unserer Kindheit zu schreiben, überlegten wir nicht lange und fingen sofort damit an, alle Ereignisse dieser Zeit aufzuschreiben.

Um es gleich vorwegzunehmen, unsere Familie, um die es sich hier bei dem Erlebten handelt, lässt sich nicht mit anderen Familien vergleichen. Aufgrund der Ereignisse fällt es

schwer, diesen Begriff überhaupt zu benutzen. Sie bestand aus den Großeltern Johann und Maria, den Eltern unseres Vaters. Unseren Eltern Waltraud und Heinrich, unserer Schwester, unseren drei Brüdern und uns.
Wir waren also insgesamt sechs Kinder, die aber nie alle gleichzeitig als Familie zusammenlebten.
Diese Quasi-Familie hat also eigentlich nie gemeinsam existiert.
Aufgrund des Altersunterschiedes haben wir daher auch keine gemeinsame Vergangenheit. Die älteren Geschwister hatten teilweise schon eigene Familien und wohnten weit weg vom Ort des Geschehens.
Nie gab es einen Konflikt zwischen uns, alle haben sich untereinander immer gut verstanden. In unterschiedlicher Intensität und Konstellation halten wir bis heute Kontakt, auch wenn wir alle über die ganze Bundesrepublik verstreut sind.
Teilweise können oder wollen die Anderen nichts zur Vergangenheitsbewältigung beitragen, um Ungesagtes weiter ruhen zu lassen oder Vergessenes und Verdrängtes weiter vergessen und verdrängt zu lassen.

Daher sind wir unserem Bruder Wolfgang unendlich dankbar, dass er unsere Telefonnummern einander übermittelt hat und wir so wieder zueinander finden konnten. Er ist der zweitälteste Sohn, der allerdings „nur" unser Halbbruder ist. Auch unsere Schwester Monika und unser ältester Bruder Peter sind „nur" unsere Halbgeschwister. Wobei Peter schon verstorben ist.
Er nahm sich vor langer Zeit, ebenso wie seine leibliche Mutter, das Leben. Aber dazu später.
Nur Martina, Uwe und ich, Sabine, sind leibliche Geschwister.

Der Begriff der Familie sollte eigentlich den Hort der Geborgenheit, Liebe und Zuneigung, gegenseitige Hilfe, gemeinsames Lachen und Weinen, Vertrauen und füreinander da sein versinnbildlichen. Aber unsere Eltern, diese beiden Menschen, haben ein solches, sicheres Gefühl, nie aufkommen lassen.
Das Gegenteil ist der Fall.

Uns ist sehr wohl bewusst, dass auf der ganzen Welt auch in einer Familie die schrecklichsten Dinge bis hin zu Mord, Totschlag, Vergewaltigung, Hass und Gewalt

geschehen. Lange ist nicht überall Friede, Freude, Eierkuchen.
Aber vielleicht zeigt dann unsere Biographie, dass Menschen Hilfe brauchen. Dass Nachbarn, Schulen und Institutionen aufmerksam sein müssen, um das Schlimme und Böse zu verhindern. Uns wäre sehr viel Schmerz und Leid erspart geblieben, hätte sich nur jemand für uns eingesetzt und uns ein wenig mehr Schutz zuteilwerden lassen.

So turbulent und unterschiedlich unsere Leben bisher verliefen, an verschiedenen Orten und weit entfernt voneinander, waren unsere Gedanken doch stets bei der Anderen. Bei der Schwester, die man liebt und mit dem Bewusstsein, dass wir eines Tages wieder zusammen sind und gemeinsam all diese schrecklichen Ereignisse bewältigen werden.
Ganz einfach ist das nicht, denn vieles aus dem Leben unserer Eltern haben wir nie erfahren. Jede Nachfrage wurde abgeblockt oder es wurden uns einfach nur Lügen aufgetischt. Wir werden also nie in Erfahrung bringen, warum unsere Eltern so waren wie sie waren und was der Auslöser für ihr brutales, zum Teil abartiges Verhalten war.

Was bringt Menschen zu solch bestialischen Handlungen?
Wir fanden bis heute keine Antwort darauf. Auch wenn es für das Verhalten unserer Eltern keinerlei Rechtfertigung gibt, und alle Erinnerungen und Schmerzen wieder lebendig werden, stand unser Entschluss dieses Buch zu verfassen fest.

Und nun ist es so weit.

Heute, am 15. April 2015, haben wir, Martina und Sabine begonnen, die Ereignisse unserer Vergangenheit aufzuschreiben. All die erschütternden und schmerzvollen Geschehnisse zu Papier zu bringen, um vielleicht nun doch damit abschließen zu können und in eine gemeinsame Zukunft zu gehen.

Häufig fragen unsere Kinder, warum wir in manchen Situationen so reagieren oder warum wir oftmals Dinge ganz anders sehen als sie es tun. In diesem Buch finden sie die Antworten auf all diese Fragen.
Um die Identität unserer Kinder und Geschwister zu schützen, haben wir die Namen der Personen, von dem dieses Buch

handelt, verändert. Die Orte der Geschehnisse und die Handlung sind jedoch absolut authentisch.

Kapitel 1

Ein schönes Fleckchen auf dieser Erde

Die meisten Geschehnisse über die wir hier aus unserem Leben erzählen, ereigneten sich in einem kleinen beschaulichen Örtchen im Saarland.
Es ist, wie in vielen Dörfern üblich, in ein Oberdorf und ein Unterdorf unterteilt. Mit seinen rund achthundert Einwohnern ein recht überschaubares Dorf. Wie üblich, kennt Jeder jeden und einer hilft dem Anderen.

Umrahmt von Wäldern und Wiesen, ist es auch heute noch ein schönes Fleckchen auf dieser Erde. Es ist eigentlich der ideale Ort, um als Kind aufzuwachsen. Sehr idyllisch gelegen, strahlt es Ruhe und Geborgenheit aus.
Gegenüber der Kirche befindet sich das Kolpinghaus, in dem schon manches Fest gefeiert wurde und auch immer noch gefeiert wird. Mit seinen zahlreichen Vereinen ist dieser kleine Ort gut aufgestellt. Auch einige Gemischtwarenläden konnten zur damaligen

Zeit recht gut bestehen. Heute gibt es diese Tante-Emma-Läden leider nicht mehr, denn auch hier haben mittlerweile ringsherum in den Nachbarorten mehrere Discounter eröffnet. Über genügend Wirtshäuser verfügte dieses kleine Dorf auf jeden Fall, wobei sie sich nie als Konkurrenten ansahen. Es war eher ein Miteinander. Jeder Dorfbewohner hatte seinen Lieblingsgasthof und die Vereine hielten regelmäßig ihre Versammlungen in ihrem Stammlokal ab. Auf die alljährliche Kirmes im Sommer freuten sich nicht nur die Kinder, auch die Erwachsenen hatten mit viel Musik und Tanz ihren Spaß. Alles in Allem war es hier wirklich sehr schön.

Martina besuchte zur damaligen Zeit sogar noch die Dorfschule, in der unser Vater schon viele Jahre zuvor die Schulbank drückte. Diese gab es leider zu meiner Schulzeit nicht mehr. Ich musste mit dem Schulbus ins Nachbardorf fahren, was natürlich für alle Kinder sehr aufregend war. Mit Ehrfurcht stiegen wir kleinen Knirpse täglich in dieses, für uns, ein riesiges Gefährt und ließen uns zu Kindergarten und Schule chauffieren.

Es gab zu unserer Zeit auch noch sehr viele Bauernhöfe im Ort und die Bauern trieben ihre Kühe täglich auf die Viehweide. Morgens, nach dem Melken, trotteten die Kühe wie eine Karawane zur Weide und abends wieder zurück.
Der Bauer fuhr mit seinem Traktor voran und seine Frau bildete das Schlusslicht. Sie ging zu Fuß hinterher, um die Kühe anzutreiben. Die Autofahrer fuhren ganz gemächlich und geduldig hinterher und so kam es dann auch schon mal zum Stau. Das störte hier aber niemanden und keiner kam auf die Idee, zu hupen. Es war zu dieser Zeit einfach das Normalste von der Welt. Dieses immer wiederkehrende Schauspiel konnte man von unserem Küchenfenster aus genau beobachten, da nur dieser eine Weg zur Weide führte.

Unser Haus steht im Unterdorf am Ortsausgang, gleich angrenzend an einen Wald, der dann zur Autobahn führt. Wir sagen ganz bewusst steht, denn unser Elternhaus gibt es auch heute noch. Wenn sich auch im Laufe der Jahre das Erscheinungsbild des Gebäudes verändert hat, so ist es doch voller Erinnerungen von

Erlebtem, was auch ein neuer Farbanstrich oder andere Renovierungs- und Umbauarbeiten nicht auslöschen können.

Es ist das mittlere von drei Häusern in einer schmalen Seitenstraße mit einer ungewöhnlich überdachten Toreinfahrt aus Holz und Verzierungen, wie man sie wahrscheinlich kein zweites Mal mehr findet. Die Einfahrt, sowie das Haus selbst, wurden von unserem Großvater Johann und seinen Brüdern 1914 eigenhändig gebaut. Das macht auch diesen ganzen Bauernhof einzigartig. Die Toreinfahrt führt in den Innenhof zu mehreren Gebäuden, Stallungen und zu der Werkstatt, in der unser Vater die meiste seiner Zeit verbrachte. Dort befanden sich auch, im oberen Teil, seine Uhren-und Waffensammlung. Über den Hof ging es dann bergab zu einer großen Wiese, auf der viele Obstbäume standen. Alle Obstsorten waren dort zu finden, und man konnte sich nach Herzenslust bedienen.
Da unser Großvater, wie später auch unser Vater, ein leidenschaftlicher Imker war, besaßen wir das schönste Bienenhaus im ganzen Umkreis. Dieses hatte unser Großvater, vor vielen Jahren, selbstgebaut

und in bunten Farben angestrichen. Es war so schön und einzigartig, dass es davon früher sogar überall Ansichtskarten zu kaufen gab.
Das Bienenhaus war mindestens zwanzig Quadratmeter groß, und beherbergte mit seinen vier Metern Höhe über siebzig Bienenvölker.

Unser Wohnhaus selbst war ein großer, schmuckloser kalter Kasten mit drei Stockwerken. Die Toilette und das Bad befanden sich im ersten Kellerteil des Hauses. Da es dort weder Heizung noch Licht gab, musste man den Weg dorthin im Dunkeln bewältigen. Leider fühlten sich im Keller, der gleich an den Schweinestall grenzte, auch die Ratten sehr wohl.
Wir Schwestern standen oben auf der Treppe und trampelten erst mit den Füßen und zischten mit dem Mund, um alle Ratten zu verscheuchen, bevor wir uns mit der Taschenlampe in der Hand, die Treppe hinunter trauten. Die Ratten huschten dann so schnell über die Einweckgläser, dass es nur so klirrte.
Ich, Sabine, war meiner großen Schwester Martina immer sehr dankbar, wenn sie mich,

als damals Dreijährige, fest an der Hand hielt, um mich zur Toilette zu begleiten. Im Winter waren ständig alle Wasserleitungen im Keller eingefroren und es war uns dann nicht möglich, die Toilettenspülung zu benutzen, geschweige denn, uns die Hände zu waschen. Es stand dann in der frostigen Jahreszeit immer ein Eimer mit Wasser neben der Toilette zum Spülen und die Hände wurden einfach nicht gewaschen.
Dieses waren jedoch schon die „neuen" sanitären Anlagen. Vorher gab es weder Toilette noch Bad im Haus.
Die Katzenwäsche hielt man in der Küche ab und zum Plumpsklo gelangte man durch den Innenhof.
Zum Keller führten zwei Eingänge. Vom Innenflur über eine Treppe oder über die Außentreppe im Vorbau. Letztere wurde wegen der Helligkeit von allen Bewohnern tagsüber lieber benutzt. Dort ging es durch eine kleine Holztür. Die war nur von innen mit einem Riegel zu verschließen.
Durch diesen Kellerteil kam man in die Scheune, in der sich die erste Ehefrau unseres Vaters kurz nach der Geburt ihrer Tochter Monika erhängte. Durch diese Scheune, in der wir uns als Kinder immer

gruselten, gelangte man in den Schweinestall.

Ins Haus selbst führte eine dunkelrote Ziegelsteintreppe. Erst in den Vorbau, der mit kleinen gelben, viereckigen Kacheln gefliest war. Auf der Westseite gab es zwei kleine Holzfenster und durch die Tür geradeaus kam man hinter das Haus auf den Hof. Von dort aus führten, nach ungefähr zwei Metern Betonboden, einige Steinplatten einen steilen Hügel hinauf.
Oben befand sich die Wäscheleine.
Für uns Kinder war es immer sehr schwierig, dort zum Wäschetrocknen hinauf zu gehen, da die Platten für unsere Beine viel zu weit auseinander verlegt waren. Zudem waren sie auch nicht richtig befestigt und kippten nach vorne weg, sodass es oft vorkam, dass wir, samt Wäschekorb, den Berg wieder hinunter fielen.
Von dort oben aus hatte man jedoch eine wunderschöne Aussicht auf die angrenzenden Felder, Wiesen und auch auf unsere Obstbäume.
Es war einfach herrlich, diese Bäume in ihrer Blüte von oben zu betrachten und die Wäsche trocknete hier natürlich auch sehr

schnell.

Durch die linke Tür im Vorbau gelangte man ins Haus. Man stand dann in einem kleinen, schmalen Flur. Von diesem führte eine Treppe mit Absatz in einen weiteren kleinen Flur ins Obergeschoss. Gegenüber der Gefriertruhe, die dort stand, kam man durch eine einfache Brettertür auf den Dachboden. Dieser wurde, von uns Kindern und auch von unseren Eltern, nur wenn es wirklich nötig war, betreten.
Hier im Obergeschoss befanden sich auch die zwei Schlafzimmer, wobei man immer durch ein Zimmer hindurch gehen musste, um in das andere Zimmer zu gelangen. Wir, erst Martina, später auch ich, mussten durch das Schlafzimmer unserer Eltern gehen, um in unser Zimmer zu gelangen.

Diesen Weg empfanden wir immer als äußerst unangenehm. Denn gleich rechts neben der Zimmertür stand ein weißer Toiletteneimer mit Deckel. Dieser wurde, ekelhafter Weise, immer erst dann geleert, wenn er schon randvoll war und überschwappte. Es bildete sich auf dem blauen Linoleumboden schon ein Rost Rand,

so aber wussten wir immer, wo der Eimer zu stehen hatte.
Wir Kinder nämlich mussten ihn immer ausleeren, obwohl wir ihn, schon aus Ekel davor, nie selbst benutzten. Demnach roch es im Schlafzimmer unserer Eltern immer streng und sehr penetrant.
Keine Ahnung, wie sie es in diesem Gestank aushielten. Unser Vater war doch sonst so penibel. Er hatte sogar sein eigenes Besteck, das außer ihm, niemand sonst benutzen durfte. Nur mit angehaltenem Atem huschten wir durch diesen Raum in unser Kinderzimmer, zu widerlich war hier die Luft.

Dieser Ausdruck trifft allerdings überhaupt nicht zu. Hier deutete nämlich rein gar nichts auf ein Kinderzimmer hin. Dort standen ein sechstüriger Kleiderschrank, ein Doppelbett und eine Spiegelkommode. So war es eigentlich ein ganz normales Schlafzimmer, das auch als Gästezimmer genutzt werden konnte. Außer unserer Halbschwester Monika, die uns zweimal im Jahr mit ihrem Mann und ihren drei Kindern für einige Tage besuchte, gab es sonst jedoch keinerlei Übernachtungsgäste in unserem Haus. Trotzdem wurden uns Verzierungen jeglicher

Art von unseren Eltern verboten. Poster an den Wänden oder gar persönliche Dinge, suchte man in diesem Zimmer vergebens.

Es hatte nicht auch nur den Hauch von einem Kinder- oder Jugendzimmer.

In der einen Hälfte des Schrankes bewahrte unsere Mutter die Bettwäsche auf, im mittleren Teil hing noch uralte Kleidung von unseren Großeltern, die schon vor langen Jahren verstorben waren. Nur den letzten Teil durften wir nutzen.
Wie schon erwähnt, durch den Altersunterschied treffen diese Aussagen erst auf Martina, dann später auch auf mich, Sabine zu. Alles ist nur jeweils um Jahre zeitversetzt. Die räumliche Situation ist jedoch identisch. Lediglich eine rosafarbene Tagesdecke auf dem Bett machte das Zimmer für mich ein paar Jahre später etwas freundlicher.

Durch das alte, undichte Holzfenster konnte man wirklich jeden noch so kleinen Windhauch spüren. Im Winter sah man beim Ausatmen seinen eigenen Atem, genau so, als ob man im Freien stehen würde. Die

Eisblumen, die sich auf der Innenseite der Fensterscheibe bildeten waren vom Bett aus sehr schön anzusehen.
Es fiel einem nicht leicht, morgens aus seinem warmen Bett zu steigen, um durch dieses kalte Zimmer die Treppe hinunter durch den eisigen Flur in die Küche im Untergeschoss zu kommen. Meistens zogen wir uns auch dort erst an, da die Küche der einzige beheizte Raum im ganzen Haus war.
In die Küche gelangte man durch den schmalen Hausflur.
In diesem befanden sich, außer der Treppe ins Obergeschoss und in den Keller, noch die Haustür, die Küchentür und die Tür zum „Kaminzimmer".
Auf dieses Zimmer werden wir gleich noch näher eingehen.
Die Küche war durch einen großen Durchbruch mit dem angrenzenden Zimmer verbunden, das man ironischer Weise als„Esszimmer" bezeichnete.
Dieser Raum war jedoch eher eine Art Aufenthaltsraum. Gegessen wurde hier jedenfalls nie.
Dort stand ein alter Fernseher auf einer noch älteren, kaputten Musiktruhe. Neben dem Fenster stand ein Schreibtisch in der Ecke,

gleich daneben der dunkelbraune Schrank, in dem das „ gute" Geschirr aufbewahrt wurde. Rechts vom Schrank war die Couch mit einem Tisch und vier Stühlen. In der Ecke neben dem Durchbruch stand der Sessel unseres Vaters. Alle Möbel von denen wir hier reden waren alt, kaputt und verschlissen. Es waren Möbel, die von anderen Leuten auf den Sperrmüll geworfen wurden.
Die Alkoholsucht unseres Vaters und sein teures Hobby, die Imkerei, verschlangen den Rest des Geldes, das von Haus aus schon sehr knapp war. Somit war schon das Einkaufen der Grundnahrungsmittel selten gewährleistet. Die Anschaffung von neueren, moderneren Möbeln war einfach nur undenkbar. Beide Elternteile legten aber auch keinerlei Wert auf ein gemütliches und behagliches Heim. In der Küche stand in der Mitte der Küchentisch mit vier Stühlen darum. Links hinter der Tür befand sich der Küchenschrank, der etwa einen Meter Abstand zur seitlichen Wand hatte.

Dieser Zwischenraum wird in unserer Geschichte noch eine große Rolle spielen.

Danach kamen der Kühlschrank, das Fenster,

von dem man die Karawane der Kühe beobachten konnte und die Spüle. Rechts neben der Zimmertür stand ein Holz-/Kohleofen auf dem gekocht und auch geheizt wurde. Wie schon gesagt, das war das einzige beheizte Zimmer im Haus.

Nun kommen wir zu unserem sogenannten „Kaminzimmer". Über diese Bezeichnung„lachen" wir noch heute. Es handelte sich nämlich lediglich um ein Zimmer mit einem offenen Kamin, den man aber wegen seines fehlenden Abzugs nie benutzen konnte.
Also wurde dieser Raum auch nur als Rumpelkammer und Abstellraum für alles Mögliche genutzt.
Alles, was gerade nicht gebraucht wurde, schmiss man förmlich dort hinein. Aber auch die Bügelwäsche fand dort, ganz zum Gefallen der Mäuse, ihren Platz. Die Nagetiere machten es sich in der Wäsche bequem und bauten so gut wie ungestört ihre Nester hinein.
Es dauerte immer eine Ewigkeit bis unsere Mutter die Bügelwäsche irgendwann zur Hand nahm. Dann war sie bereits mit Mäusedreck übersät.

Und dass sie die überhaupt zur Hand nahm, kam nicht so oft vor.
War eher selten.
Damit unsere Kleidung wirklich frisch und sauber war, hat Martina die Wäsche von uns beiden immer aussortiert, nochmals gewaschen, getrocknet und gebügelt.
Unsere Mutter störte das nicht.

Auch all die sonst noch anfallenden Hausarbeiten erledigte sie jeweils nach Schulschluss, damit wir uns wenigstens ein bisschen wohlfühlen konnten.
Unser Vater interessierte sich für den Zustand der Räumlichkeiten nur wenig. Es war ihm zwar anzusehen, dass er sich unwohl fühlte und sich vielleicht sogar ein bisschen schämte, wenn unsere Eltern mit eventuellen Gästen in der Küche saßen.
Jeder hatte ein schöneres, gepflegteres und gemütlicheres Zuhause als wir.
Davon waren wir Lichtjahre entfernt.
Man muss dazu sagen, dass außer ein paar Familienmitgliedern und wenigen Dorfbewohnern, kein nennenswerter Besuch zu erwarten war.
Und auch die kamen selten genug.
Fast gar nicht.

Der absolute Lieblingsort unseres Vaters war ohnehin seine Werkstatt.
Die befand sich im Innenhof des „Anwesens".
Jeden Abend hielt er sich dort stundenlang auf. Selbst an
Sonn- und Feiertagen hämmerte, schweißte und bohrte er, ohne uns jedoch irgendwann auch nur ein einziges Resultat seines Schaffens vorzuführen.
Nicht ein einziges Mal.
Keiner von uns hatte auch nur die leiseste Ahnung, was er dort mit seiner Zeit anfing.
Bis heute nicht.
Wir Kinder waren allerdings sehr froh, dass es diese Werkstatt gab, denn nur solange er dort werkelte, konnten wir uns einigermaßen sicher vor ihm fühlen.
Wir konnten sein Treiben nur hören. Alleine, ohne ihn, durften wir seine „Heilige Stätte" nie betreten.
Wenn es aber im Haus etwas zu reparieren gab, dauerte es ewig, ja Wochen und Monate, bis er sich dazu bequemte.
Und wenn es auch nur das Austauschen einer defekten Lampe war. Es musste ihn erst schon selbst gewaltig stören bevor er sich dazu aufraffen konnte.

Seine Faszination für Waffen jeglicher Art war kein Geheimnis. Er besaß eine sehr umfangreiche Sammlung von durchaus wertvollen Helmen, Säbeln, Pistolen und Gewehren. Teilweise stammten sie noch aus dem Ersten Weltkrieg und aus der Zeit davor. Oft durften wir Kinder nicht in diesen Raum über der Werkstatt, in dem sich diese Sammlung von Waffen, Büchern und Uhren befand. Das wollten wir aber eigentlich auch nicht, denn mit unserem Vater wollte keiner von uns auch nur eine Minute lang gerne alleine sein.
Das war viel zu gefährlich.
Dennoch kam es ab und zu vor. Ich, Sabine, erinnere mich noch sehr genau an einen blauen Helm mit goldener Spitze in der Mitte. Aus unerfindlichen Gründen liebte ich diesen Helm und durfte ihn auch oftmals polieren. Ganz behutsam hielt ich ihn in meinen kleinen Händen und sah ihn mir immer wieder begeistert von allen Seiten an.
Heute frage ich mich noch oft, wo dieser Helm wohl abgeblieben ist?
Wer ihn wohl heute besitzt?
Die Affinität zu Waffen und Militaria insgesamt lebte unser Vater vollkommen aus. Es gab keine Stelle, auch nicht im Haus, an

der keine Pistole oder Gewehr deponiert war. Sie waren fast unzählbar.
Diese Tatsache war für uns Schwestern immer sehr beängstigend.

Was sich mit der Zeit auch als überaus gerechtfertigt herausstellte.

Der zweite Lieblingsplatz unseres Vaters war sein Bienenhaus. Wie auch schon sein Vater, war er ein leidenschaftlicher Imker. Seine Bienenzucht umfasste zum Schluss über siebzig Bienenvölker. Sie nahmen sehr viel Zeit und noch mehr Geld in Anspruch. Zentnerweise wurden Zucker und diverse andere Materialien für die Versorgung dieser fleißigen Insekten beschafft.
Die Einnahmen aus dem Honigverkauf standen jedoch in keinster Weise wenigstens annähernd mit den Ausgaben im Verhältnis. Man muss sein Hobby schon sehr lieben, um diesen finanziellen Verlust immer wieder zu akzeptieren oder zu ignorieren. Das war allerdings auch die einzige Liebe, die von unserem Vater ausging. Hätte er uns Kindern nur einen ganz kleinen Teil dieser Zuneigung, die er seinen Bienen gab, zuteilwerden lassen, wäre unsere Kindheit um ein

Vielfaches erträglicher gewesen.

Man kann nicht behaupten, dass es so etwas wie Abwechslung in unserer Familie gab. Es wurden zum Beispiel weder Tagesausflüge gemacht und schon gar keine Urlaubsreisen unternommen.
Wir kamen praktisch nie hinaus aus unserem kleinen Biotop. Nicht einmal wurden auch nur die einfachsten Spiele mit uns gespielt.
Warum auch, waren wir beide doch sowieso nie gewollt.
Aber auch dazu später mehr.
Der einzige Höhepunkt in unserer Kindheit war das alljährliche Imkerfest. Das fand ein paar Orte weiter statt.
Zu diesem Ereignis durften sogar wir Kinder mit, sodass wir den Anschein von einer glücklichen und funktionierenden Familie erweckten.
Das waren die wenigen Momente, in denen wir die Grenzen unseres Dorfes passieren konnten.
Ansonsten spielte sich unsere ganze Kindheit nur in unserem Ort ab, da jedoch überwiegend nur auf unserem Grundstück.
Auf dieses Fest freuten wir uns immer

wieder, war es doch die willkommene Abwechslung in unserem tristen Dasein. Gleichzeitig dachte man aber auch schon an den wie üblichbevorstehenden Alkoholkonsum unseres Vaters und an dessen zwangsläufigen Folgen. Und sogleich verwandelte sich diese Freude unverzüglich in pure Angst, denn seine erbarmungslosen Gewaltattacken waren einfach nur brutal und oft auch lebensbedrohlich.
Seine Aggressivität in Verbindung mit Alkohol, machte ihn regelrecht unzurechnungsfähig.
Das bekamen wir leider immer wieder und leider viel zu oft zu spüren.
Von unserer Mutter erhielten wir diesbezüglich so gut wie nie Unterstützung. Auch sie hatte mit den körperlichen Übergriffen unseres Vaters zu kämpfen. Aber anstatt uns Mädchen dann wenigstens etwas zu verschonen, lud auch sie ihre Unzufriedenheit und Faulheit auf uns ab. Dazu kam ihre demonstrative Abneigung uns gegenüber.
Das wir nicht gewollt waren und besser verreckt wären, als wir auf die Welt kamen, sagte man uns so gut wie täglich. Weder bei unserem Vater noch bei unserer Mutter

waren wir willkommen.
Wir Schwestern taten wirklich alles, um wenigstens einen Hauch von Liebe und Zuneigung von unseren Eltern zu erhaschen, aber stattdessen bekamen wir nur körperliche Gewalt, Psychoterror und grobe Abneigung zurück.
Wie schlimm ein solches Gefühl ist, von den eigenen Eltern nur Hass und Abscheu zu erfahren, müssen wir wohl nicht näher erläutern. Es tat einfach nur unendlich weh. Jeden Tag mehr und mehr, bis man schließlich sogar einfach nur noch hoffte, die nächste Gewaltattacke des Vaters nicht mehr überleben zu müssen.

Unsere Mutter jammerte täglich, wie schlecht es ihr doch ginge. Denn dass sie bald sterben würde, stand für sie außer Frage. Mit ihrer rechten Hand fasste sie sich ständig auf ihre linke Körperhälfte mit der Aussage, dass ihr Herz Purzelbaum schlüge und jeden Moment aus ihrer Brust springen würde. Verstärkt wurde diese Bekundung oftmals durch die Worte:„Oje, jetzt sterbe ich." Dann ließ sie ihren Speichel aus dem rechten Mundwinkel laufen und bezeichnete ihn als Herzwasser. Stöhnend setzte sie sich an den Küchentisch und blieb dort sitzen, bis sie eingeschlafen war. Ihren Kopf stützte sie vorher mit der Hand an der Stirn ab und schlief schnell tief und fest ein. Nach und nach rutschte ihr Kopf immer weiter nach unten, bis er schließlich auf der Tischplatte lag und sie laut schnarchte. Ihre Brille hing währenddessen schief und quer über ihr Gesicht, was sie jedoch gar nicht mehr bemerkte.

Als Kind war man bei diesem Anblick immer wieder zu Tode erschrocken und machte sich, trotz der Ablehnung, die sie gegen einen hegte, große Sorgen.
Jahrelang glaubten wir ihr wirklich, dass sie jeden Moment sterben würde und während andere Kinder im Kindergarten spielten, saß ich oft in einer Ecke nur mit der Angst, dass unsere Mutter tot sein würde, wenn ich nach Hause kommen würde.
Dieser psychische Druck war kaum auszuhalten.
Auch die Gewissheit, dass die Mutter keinerlei Gefühle für einen aufbringt, hielt einen komischer Weise jedoch nicht davon ab, sie irgendwie zu lieben.
Aber nur bis zu einem bestimmten Punkt, wie Sie noch lesen werden.

Es ist unerklärlich, wie das möglich sein kann. Es ist wohl angeboren und ein natürlicher Instinkt.
Erst mit zunehmendem Alter findet man sich damit ab und entwickelt ebenfalls eine gewisse Gleichgültigkeit gegenüber den Gegebenheiten.

Martina nahm ihr unterdessen so gut wie alle anfallenden Arbeiten ab. Sie kümmerte sich nach der Schule um den Haushalt, um die Stallarbeiten und nach meiner Geburt auch um mich.
Immer erst kurz bevor unser Vater von seiner Arbeit nach Hause kam, gesundete unsere Mutter schlagartig auf wundersamer Weise und tat so, als hätte sie den ganzen Tag lang nichts anderes getan als geschuftet. Dabei war es doch immer meine Schwester Martina, die täglich alle Arbeiten erledigt hatte.

Es ist für uns Schwestern sehr schade, dass unsere Erinnerungen an dieses, zwar sehr kleine aber wunderschöne Bundesland, immer mit diesen schrecklichen Erlebnissen, über die wir in der Folge berichten, behaftet sein werden.

Vielleicht schaffen wir es eines Tages, nicht nur an diese negativen Geschehnisse, sondern auch an diese tolle Landschaft und Umgebung zu denken, wenn wir das Wort Saarland hören.
Das schöne Fleckchen auf dieser Erde.

Kapitel 2

Unsere Eltern, diese beiden Menschen

Als sich unsere Eltern kennenlernten, hatte unsere Mutter bereits einen zweijährigen, unehelichen Sohn.
Das war für die damaligen Verhältnisse und bürgerliche Anschauungen noch schlichtweg verwerflich, und sie wurde von ihrer Familie sowie von der gesamten Dorfbevölkerung mit empörter Verachtung gestraft.
Unser Bruder Wolfgang wurde im Juli 1951 in einem kleinen Ort im Saarland geboren.
Eines unsere Nachbardörfer, in dem wir, Martina und ich, unsere Horrorkindheit verbringen mussten.
Unsere Mutter war zu diesem Zeitpunkt fünfundzwanzig Jahre alt und wohnte, soweit wir es zu wissen glauben, noch bei ihren Eltern.
Sie erzählte ständig von dieser so anstrengenden Geburt. Es sei eine Steißgeburt gewesen und hätte es beinahe nicht überlebt. Sie machte aus diesem, doch eigentlich sehr tragischen Ereignis (wenn es

denn stimmen sollte), eine riesige Story. Von dieser Geburt erzählte sie oft und sehr gerne. Bei jeder sich bietenden Gelegenheit berichtete sie in allen Details über die angeblich für sie lebensgefährliche Niederkunft.
Wie es allerdings unserem Bruder bei dieser, doch sehr schwierigen Geburt ging, erwähnte sie aber mit keinem einzigen Wort.
Von ihm war nie die Rede. Das war völlig unwichtig.
Er kam ganz einfach nicht vor.
Auch bei Nachfragen wurden diese immer nur mit einem verächtlichen „ach" abgetan.

Traurig aber auch, wenn man es bedenkt, war der Umstand, dass sie Wolfgang gleich nach der Niederkunft zu ihrer Schwester geben musste, da diese bereits verheiratet war und selbst schon einige Kinder hatte.
Ob es ihr schwer fiel, sie vielleicht darunter gelitten hat ihr Kind herzugeben, wissen wir nicht.
Darüber wurde nie geredet.

Über Gefühle wurde in unserer Familie prinzipiell kein Wort verloren. Sie waren einfach nicht existent.

Wenn aber doch, dann wurden sie eben totgeschwiegen, gingen im wahrsten Sinne des Wortes absolut niemanden etwas an. Schluss, aus, basta!

Vor der Geburt unseres Bruders Wolfgang hatte sie angeblich eine Friseurlehre abgeschlossen. Wir sagen ganz bewusst angeblich, da man unserer Mutter leider nie alles glauben konnte, was sie erzählte. Sie hat sehr gerne, aus für uns nicht nachvollziehbaren Gründen, oft und Ideenreich gelogen.
Dafür war sie überall bekannt.
So konnte auch niemand, weder aus der Familie noch von den Dorfbewohnern, diese Ausbildung bestätigen.

Dass sie aber gerne sang, ist unumstritten.
In der Zeit des Zweiten Weltkrieges sang sie sogar im Saarländischen Rundfunk.
Sämtliche Operetten konnte sie aus dem „Stehgreif“ mitsingen und das auch wirklich sehr schön.
In diesem Krieg hatte sie zwei ihrer Brüder verloren.
Einer fiel an der Front, und der andere war ein Besatzungsmitglied auf der Bismarck,

dem Kriegsschiff, das im Mai 1941 versenkt wurde.
Wie viele Geschwister sie eigentlich insgesamt hatte, wissen wir gar nicht.
Aber es müssen schon einige gewesen sein.
Viele ihrer Geschwister wohnten mit ihren Familien im engeren Umkreis, jedoch waren alle mit ihr zerstritten und es gab keine Kontakte zu ihnen.
Der Grund für diese Streitigkeiten ist uns bis heute nicht bekannt und wird sich auch nicht mehr aufklären lassen. Die meisten der Onkels und Tanten, die uns bekannt waren, leben schon seit Jahren nicht mehr.
Ob dieser Streit mit ein Grund für ihr liebloses, kaltherziges und unnahbares Wesen war?
Was war die Ursache dieser Streitigkeiten?
Warum waren sich alle untereinander einig, nur nicht mit unserer Mutter?
Es bleibt unaufgeklärt, wie so vieles in unserem Leben.

So intelligent wie unser Vater war sie nicht, das glauben wir zumindest. Aber sie war auch nicht dumm und sogar äußerst raffiniert. Wie wir uns an so manche Situationen erinnern können, schaffte sie es

immer wieder, sich mit überwiegend an den Haaren herbeigezogenen Argumenten, aus der Affäre zu ziehen.
Sie war nie für etwas verantwortlich.
Immer waren es nur die Anderen.
Auch das Weinen auf Kommando, was sie hervorragend beherrschte, verhalf ihr sehr oft, ihr Ziel zu erreichen. Wie auf Knopfdruck kullerten die Tränen und wurden mit bitterlicher Schluchzerei und Theatralik gestenreich untermalt.
Für uns Kinder eine schreckliche Erinnerung, ging uns das Gejammere und Gezetere doch immer durch Mark und Bein.

Für Politik, Reportagen oder Berichte jeglicher Art zeigte sie keinerlei Interesse. Unterhaltungs- oder Musiksendungen, wie zum Beispiel: „Zum blauen Bock", „Musik ist Trumpf", oder wie sie auch immer alle hießen, sah sie sich sehr gerne, eigentlich ausschließlich, im Fernsehen an.
Jedes Lied kannte sie und sang dann, mit ihrer wirklich wunderschönen Stimme, lauthals und voller Begeisterung mit.
Ansonsten war die Handarbeit ihr großes Hobby.
Sie strickte und häkelte alles Mögliche. Von

Strümpfen angefangen, über Röcke bis hin zu Mützen. Das waren allerdings auch unsere einzigen Kleidungsstücke, die so etwas wie vorzeigbar waren, worauf wir in einem anderen Kapitel noch ausführlich zu sprechen kommen.
Oftmals vergaß sie bei dieser Tätigkeit die Zeit. Insbesondere nämlich, wenn eine Bekannte zu unserer Mutter kam, beide in unserer Küche saßen und beim Tratschen die Nadeln schwangen.

Dabei blieb niemand verschont. Hemmungslos wurde über einen Jeden hergezogen und schlecht geredet. Nun ja, je schlechter die Anderen sind, umso besser steht man eben selber da.

Das war wohl auch der Gedanke, der dahinter steckte!
Eine Schönheit war unsere Mutter nicht gerade. Auch ihre Figur war bestimmt nicht die, mit der sie zufrieden war. Mit einer Körpergröße von etwa 1, 65 Meter brachte sie immerhin über 110 Kilo auf die Waage. Dass sie damit überaus unglücklich war, teilte sie uns dafür auch fast täglich mit. Vor allem ich, Sabine, musste es mir ständig

anhören, da ich ja an ihrem Übergewicht die alleinige Schuld trug. Früher wäre sie nämlich sehr schlank gewesen, sogar nahezu dürr, erst durch ihre Schwangerschaft mit mir, sei sie so
„auseinander" gegangen.
Das sagte sie andauernd. So oft, dass ich den Wortlaut dieses dramatischen Ereignisses, nämlich meiner Geburt, schon als sehr kleines Mädchen gedanklich mitsprechen konnte.
„Wer will denn mit sechsundvierzig Jahren noch ein Kind kriegen?" So begann der Text, der sich in all den Jahren nie änderte. Wie ein Gedicht, das man immer und immer wieder aufsagt. „Die war ja überhaupt nicht gewollt", folgte dann.
Danach kam gebetsmühlenartig die Passage, wie sie mich früh nach meiner Geburt hinter dem Haus in die Brennnesseln neben dem Misthaufen schmeißen wollte, was jedoch durch den beherzten Eingriff unserer Nachbarin (die erzählte es mir später) verhindert wurde.
Sie kam durch Zufall zu dieser abartigen Tat hinzu und konnte meine Mutter gerade noch rechtzeitig von ihrem Vorhaben abhalten. Sie nahm mich meiner Mutter weg und behielt

mich eine Zeit lang auf ihrem Arm. Erst nachdem ihr glaubhaft von meiner Mutter versichert wurde, dass sie doch die Situation bloßfalsch deuten würde, und sie mich nur wegen eines Schwächeanfalles dort ablegen wollte, gab sie mich wieder zurück in ihre Arme.

Ich habe keine besonderen Zweifel daran, dass sie drauf und dran war, mich zu entsorgen. Nicht, nachdem ich sie erlebt habe, wie sie wirklich war.
Warten Sie ab!

Viele Jahre hörte ich nun fast täglich diese Sätze, und ich kann heute noch nicht in Worte fassen, wie schmerzvoll es für mich damals war, und es auch heute, trotz ihres Ablebens, immer noch ist.

Denn dass diese Worte von unserer Mutter nicht nur einfach nebenher gesagt waren, bestärkt uns in der Annahme, dass so etwas oder Ähnliches bereits geschehen war. Wir wissen nämlich, dass tatsächlich irgendwann auf unserem Grundstück das Skelett eines Kindes gefunden wurde.
Aber jegliche Umstände darüber, wie, wann,

warum?
Was war hier geschehen?
Wir konnten es leider nie in Erfahrung bringen. Dass es aber eine Tatsache ist, wurde uns von mehreren Seiten, unabhängig voneinander, bestätigt.
So hing wohl damals auch mein Leben, nicht zum letzten Mal, an einem seidenen Faden.

Auch Martina, die wirklich alles erdenklich Mögliche für unsere Eltern getan hat, bekam immer nur zu hören: „ Wärst Du doch nur verreckt, als Du auf die Welt kamst.“ Diese Sätze, und noch einige andere gleicher Qualität, begleiteten uns durch unsere gesamte Kindheit.
Beleidigungen jeglicher Art mussten wir uns ständig anhören. Komplettiert wurden diese Erniedrigungen meistens noch durch die Handgreiflichkeiten unseres Vaters, auf die wir im Einzelnen später noch genau eingehen werden.
Auch einige Zitate unserer Eltern werden noch aufgegriffen. Zitate, die es uns bis heute oftmals sehr schwer machen, das Leben zu führen, das es eigentlich sein sollte. Nämlich mit einem gewissen Stolz und Selbstwertgefühl zu leben.

Natürlich auch Vertrauen zu haben, besonders zu dem Menschen, den man liebt.

Mit ihrer resoluten Art und ihrem losen Mundwerk, verschaffte sie sich bei den meisten Menschen sogar einen gewissen Respekt.
Ob im positiven Sinne, sei aber dahin gestellt. Wie eine Dampfwalze preschte sie los, wenn sie der Meinung war, dass man ihr Unrecht tat. Machte somit jeden mundtot. Außer unseren Vater, vor dem kuschte auch sie. Jeden morgen zwängte sie sich in ein Ganzkörperkorsett, das sie sich von einer Schneiderin des Dorfes in regelmäßigen Abständen nach Maßanfertigen ließ.
Ihre kurzen, dunkelbraunen Haare waren leicht gewellt, immer streng nach hinten gekämmt. Darüber trug sie regelmäßig ein Kopftuch, das sie im Nacken verknotete und mit jeweils einer Haarklammer links und rechts an ihrem Kopf befestigte.
Das erwies sich als sehr praktisch für sie, da sie sich nicht gerade oft die Haare wusch. Somit war ihre fettige und ungepflegte Frisur perfekt und unsichtbar unter dem Tuch versteckt.
Ihre grau-grünen Augen wirkten hinter ihrer

schwarzumrandeten Brille, sehr klein.
Die Kittelschürzen, die sie zu Hause zu tragen pflegte, waren von ihr gar nicht weg zu denken.
Sie waren ihr „Markenzeichen".
Davon besaß sie einige, mit unterschiedlichsten Motiven. Geblümt, gestreift, kariert. Alle Farben, Formen und Muster waren vorhanden, sogar Weiße für die Sonn- und Feiertage.
Wurde es durch die Jahreszeit bedingt kälter, zog sie sich eine dicke, warme Strickweste darüber. Die trug sie dann sowohl draußen als auch im Haus.
Denn wie schon erwähnt, war es in unserem Haus immer feucht und kalt.
Ihre Ausgehkleidung bestand im Wesentlichen aus einem schwarzen Trägerrock mit einer weißen Bluse. Mehr wurde auch nicht benötigt, da sie außer zum jährlichen Imkertreffen, nicht wirklich ausging.
Sie hatte dann zwar kein Kopftuch an, die Frisur blieb jedoch stets die Gleiche.
Einen Friseur brauchte sie nicht.
Es sollte doch ein Jeder sehen, dass diese arme, bedauernswerte Frau von morgens bis abends schuften müsste, und sich nicht

einmal eine vernünftige Frisur leisten konnte. Mitleid mochte sie sehr. Das gab ihr die Aufmerksamkeit, die sie ausgiebig genießen konnte.
Dabei war unsere Mutter von Natur aus faul, stinkend faul. Sie vermied, wenn möglich, jede Art von Tätigkeit, die man als Arbeit beschreiben könnte.
Diese Eigenschaft, gepaart mit dem Drang zur Lügerei und Tratscherei, beschreibt praktisch abschließend ihr charakterliches Wesen.
Sie verrichtete im Haus und Hof nur Arbeiten, die unser Vater ihr unbedingt abverlangte. Das heißt aber nicht, dass sie diese Arbeit allein erledigte.
Natürlich nicht.
Wusste sie doch schon früh uns Kinder für sich einzuspannen. Egal, ob es den Stall betraf oder den Haushalt.
So mussten wir schon von früher Kindheit an das Haus, so gut wir es konnten, sauber halten. Egal ob Abwaschen, Staubsaugen, den Boden wischen usw..
Sie delegierte alles.
Durch die Angst vor unserem Vater, der, wenn etwas seiner Meinung nach nicht in Ordnung war, wenn er von seiner Arbeit nach

Hause kam, ausrasten könnte, war es für unsere Mutter absolut verlässlich, dass wir schon von uns aus unser Bestes gaben, um alle Arbeiten zur vollsten Zufriedenheit zu erledigen.
Man muss sich einmal folgende Situation vorstellen: Martina musste mal wieder nach der Schule den Hausflur wischen. Dass die zehnjährige eigentlich Hausaufgaben machen müsste, war nebensächlich und kümmerte unsere Mutter nicht im Geringsten.
Niemals.
Als Martina den Fußboden gewischt hatte, ging unsere Mutter mit ihren verdreckten Schuhen vom Stall in den Flur. Plötzlich huschte eine Maus über den Boden. Mäuse und Ratten waren in unserem Haus ja reichlich vorhanden und schon fast natürliche Mitbewohner.
Wir konnten uns zum Beispiel keine Schuhe anziehen, ohne vorher zu schauen, ob nicht etwa eine von ihnen darin sitzen würde. Von den Ausscheidungen dieser Nager ganz zu schweigen.
Blitzschnell aber trat unsere Mutter nach dieser Maus, zertrat sie, zerquetschte sie förmlich und beförderte sie mit einem Fußwischer zur Seite. Martina sah dies

fassungslos mit an, hatte sie doch gerade eben erst den Boden gewischt. Dazu das Töten des Tieres. Sie hat noch heute das Geräusch des Zermalmens im Kopf. Wie eingebrannt.
Völlig gleichgültig ging unsere Mutter jedoch weiter durch das Haus bis in das Schlafzimmer. Mit den Überresten des zertretenen Tieres an ihren Sohlen.
Egal, ob es wieder schmutzig wurde. Es kümmerte sie nicht. Auch nicht, was mit der toten Maus geschieht.
So war sie in allen Dingen.
Es war selbstverständlich, dass Martina schon dafür Sorge tragen würde. Also nahm Martina eine Müllschippe zur Hand, fegte den Kadaver auf und brachte ihn in die Mülltonne. Anschließend wischte sie den Fußboden noch einmal.
Dass wir Kinder von uns aus Verantwortung in wirklich allen Belangen übernahmen, war eben als total normal zu erwarten.
So gab es auch kein Danke oder irgendwelche positive Reaktionen. Es war eben völlig selbstverständlich.
Man könnte ihr Verhalten durchaus als schikanös und boshaft bezeichnen.
So ähnlich wie im Märchen „Aschenputtel"

von den Brüdern Grimm. Wenn wir Mädchen nun schon mal geboren und da waren, dann sollten wir gefälligst auch arbeiten. Schließlich bot man uns ja ein Dach über dem Kopf. Sonst zwar nichts, aber immerhin, wir lebten ja. Keine Spur von Sorge um unser Wohlbefinden.

Einfach gleichgültig, boshaft und gefühlskalt.

Normal war für unsere Mutter die Angewohnheit zu Tratschen. Dazu ging sie regelmäßig zu den Nachbarn oder etwas weiter, in das Dorf hinein. Natürlich zog sie sich dafür nicht etwas anderes an. Sie trug immer ihren verschmutzten Kittel und die dreckigen Schuhe. Den Kittel wechselte sie nur abends, wenn unser Vater von der Arbeit kam, gegen einen sauberen. Er sollte sie schließlich nicht so verschlampt sehen.
Wenn sie zum Tratschen das Haus verließ, und das
ausgiebig, stundenlang, ließ sie immer die Haustür sperrangelweit offen stehen. Auch hier war es ihr völlig egal, ob jemand daheim war oder nicht. Man könnte annehmen, ihr war es schon zu viel Mühe, die Tür ins Schloss zu ziehen.

Wie wir später erfuhren, log sie bei diesen Ausflügen allen das Blaue vom Himmel vor. Sie erzählte immer von ihrem ach so schweren Los. Zum Beispiel müsse sie die viele Arbeit stets selbst und alleine erledigen. Niemand würde ihr dabei helfen. Es gäbe keinerlei Unterstützung bei der Bewältigung der anstehenden Aufgaben. Martina wäre sooo faul, mache nichts im Haus und Hof, um ihr den mühsamen und schweren Alltag zu erleichtern.
Sie erzählte von ihren angeblichen ernsten Krankheiten, die sie zu erleiden hätte. Sie sei doch todsterbenskrank. Freilich, im Laufe der Zeit, erkrankte sie immer an einer anderen. Keine Einzige lag aber wirklich vor. Sie log einfach, erfand Dinge, die es nicht gab und das bis zu ihrem Lebensende im Alter von 78 Jahren.

Sie starb eines natürlichen Todes, an Altersschwäche, was in unserer Familie durchaus nicht selbstverständlich war.

Unser Vater war zwei Jahre jünger als unsere Mutter. Er wurde im Januar 1928 in seinem Elternhaus, in dem auch wir unsere Kindheit und Jugend verbrachten, geboren. Es war

das Haus, das sein Vater Johann damals gemeinsam mit seinen Brüdern erbaute.
Unser Vater war das einzige Kind, das aus der Ehe von Johann und Maria, hervorging.
Es war bereits die zweite Ehe unseres Großvaters.
Seine erste Frau hatte er viele Jahre zuvor in einem Gerichtssaal erstochen.
Um was es in dieser Gerichtsverhandlung ging oder was der Grund für seine Tat war, wissen wir nicht; auch nicht, wie viele Jahre er für diese Aktion im Gefängnis verbüßen musste.
Wir hatten von diesem schrecklichen Ereignis nur durch einen Zufall erfahren, weil unsere Mutter eben sehr gerne tratschte und wir Geschwister es zwangsläufig mit anhörten.
Aus dieser ersten Ehe hatte unser Großvater einige Kinder, die Anzahl ist uns nicht bekannt.

Diese Halbgeschwister unseres Vaters waren daher auch um Jahre älter als er. Unser Opa Johann muss ein komischer, alter Kauz gewesen sein, jedenfalls wurde uns dies von den älteren Dorfbewohnern immer wieder übermittelt.
Viel Wert legte er auf seinen ergrauten

Oberlippenbart. Wie bei einem Seehund wuchs ihm sein Schnauzer bis auf die Unterlippe hinunter. Daher trug er nachts beim Schlafen auch immer eine Bartbinde um so seinen „Stolz" zu pflegen.

Unsere Oma Maria hingegen war eine warmherzige und liebevolle Frau. Etwas sonderbar finden wir allerdings die Tatsache, dass sie unseren Vater noch im Alter von sechs Jahren zum Stillen an ihre Brust genommen haben soll.
Abartigkeit oder Mutterliebe?
Schwer zu sagen!
Unser Vater war alles andere als dumm. Er verfügte über ein großes Allgemeinwissen und interessierte sich sehr für Politik. Auch über das allgemeine Weltgeschehen war er immer bestens informiert. Zu seinen Lieblingssendungen im Fernsehen gehörten, neben Western, jegliche Art von Reportagen, Nachrichten und Diskussionsrunden mit den unterschiedlichsten Themen.
Das Lesen der „Saarbrücker Zeitung" mit dem anschließenden Lösen des Kreuzworträtsels liebte er förmlich. Dabei saß er immer am Küchentisch und jeder musste mucksmäuschenstill sein. Auch am

Fernseher, der sich ja im Nebenzimmer befand, musste dann der Ton abgedreht werden.
Wehe, wenn er sich gestört fühlte!
Sehr oft hielt er sich aber nicht im Haus auf.

Heinrich, unser Vater, war ein gutaussehender Mann. Mit einer Körpergröße von etwa 1, 80 Meter und einem geschätzten Gewicht zwischen 80 und 85 Kilogramm, war er eine stattliche Erscheinung. Seine stahlblauen Augen und seine schwarzen Haare, die er nach hinten gekämmt trug, sahen alle Damen gerne.
Er war ein richtiger Weiberheld. Charmant, witzig und äußerst zuvorkommend.

Alles Eigenschaften, die er jedoch zu Hause leider nie zeigte.

Seine Handgelenke waren sehr breit und seine Hände enorm groß. Wenn er lachte trat seine Ader, die senkrecht in der Mitte seiner Stirn verlief, sehr deutlich hervor und man erhielt den Eindruck, sie würde jeden Augenblick platzen. Zeitgleich verfärbte sich sein Gesicht in ein dunkles Rot und seine blauen Augen leuchteten. Es war kein lautes

Lachen, eher ein kräftiges Keuchen beim Ausatmen, dies jedoch sehr heftig.

Gegenteilig war es, wenn er uns in einem Wutanfall verprügelte.

Dann war sein Gesicht aschfahl und Maskenhaft ohne jegliche Mimik. Der Blick total leer, die Pupillen verschwunden und er selbst schien total apathisch.
Alkohol spielte in seinem Leben eine große Rolle. Er nahm ihn überaus gerne und in großen Mengen zu sich. Mit den Jahren trank er immer öfter und immer mehr. Bis er irgendwann in hohem Maße alkoholabhängig war und ohne seine tägliche Grundration nicht mehr leben konnte.
Überall sah und fand man dieses Teufelszeug.
Im „Esszimmer" hatte er einen Schnapsschrank, in seiner Werkstatt gab es diverse Verstecke und auch in seinem Bienenhaus gab es mehrere Plätze, an denen er seine Schnapsflaschen zustehen hatte.
Oft stellten wir uns die Frage, ob der Alkohol unseren Vater so aggressiv und brutal werden ließ.
Mittlerweile ist uns jedoch bewusst, dass er

uns auch ohne Alkoholeinfluss auf äußerst brutale und barbarische Weise misshandelte. Seine Alkoholsucht hat seine abartigen und unmenschlichen Charakterzüge einfach nur noch verstärkt.

Er war der Mann, der zwei Gesichter.

So freundlich und nett er in der Öffentlichkeit war, desto gewalttätiger war er zu Hause.

Was sein erlernter Beruf war, oder ob er überhaupt eine Lehre abgeschlossen hatte, ist uns nicht bekannt. Jede Frage darüber trug die Gefahr mit sich, wieder einmal verprügelt zu werden. Mit ihrer Vergangenheit wurden beide nicht gerne konfrontiert.

Ist es nicht erschreckend, wie wenig wir doch über die Vergangenheit unserer Eltern wissen?
Eigentlich ist uns darüber gar nichts bekannt!
Wie grausam, brutal und hasserfüllt sie jedoch immer zu uns waren, das wissen wir noch ganz genau.
In jungen Jahren, so fanden wir heraus, war unser Vater bei der Bundeswehr und hatte

dort wohl einen verhältnismäßig hohen Rang. Er war bei den Gebirgsjägern und unter anderem in Bayern stationiert.
Das belegen auch zahlreiche Fotos von ihm, auf denen er in Bundeswehrkleidung abgebildet ist. Mit den Alpen im Hintergrund. Sehr viele Abzeichen verzieren auf diesen Bildern seine Uniformjacke.
Was sie bedeuten?
Keine Ahnung!
Nach Beendigung dieser Laufbahn hatte er zahlreiche, oft wechselnde und überaus unterschiedliche Arbeitsplätze.
Zum Einem arbeitete er als Lkw–Fahrer bei einer Baufirma, zum anderen als Hauer in einem Bergwerk.
In diesem wurde er in den fünfziger Jahren gemeinsam mit vielen anderen Bergmännern, bei einem Grubenunglück verschüttet.
Der Schacht, in dem unser Vater und seine Kollegen arbeiteten, stürzte ein. Sie konnten unter dem Einsatz von schweren Gerätschaften und großen Maschinen, Gott sei Dank, schon einige Stunden später geborgen werden. Unsere Brüder, die damals noch kleine Jungen im Alter von ungefähr zehn bis zwölf Jahren waren, standen hinter der Absperrung und verfolgten die

erfolgreiche Rettungsaktion.
Danach wurde unser Vater Fernfahrer und transportierte unterschiedliche Waren und Güter, bis hin zu Sprengstoff und Munition. In dieser Firma arbeitete er, nachdem er 1977 einen Herzinfarkt erlitt und demnach die gesundheitliche Voraussetzung zum Transport von Sprengstoff nicht mehr erfüllte, als Magazinverwalter.
Wenn er sich nicht in seiner Werkstatt oder bei seinen Bienen aufhielt, fand man ihn in irgendeinem Wirtshaus des Dorfes. Mal war es auch die Versammlung des Imkervereins, des örtlichen Obst- und Gartenbauvereins oder es war Probe des Männergesangvereins. In diesem Chor sang er als Tenor.
Auch er hatte eine gute Stimme und konnte sehr schön singen.
Er war überall sehr beliebt. Wo sich eine Menschentraube bildete, war er mittendrin, erzählte die tollsten Witze und sorgte allgemein für gute Laune.

Nie hätte uns jemand auch nur ansatzweise geglaubt, was für ein brutaler Tyrann er doch zu Hause war. Und genau das war es, was uns wohl letztendlich davon abhielt, je nach Hilfe zu rufen.

Unser Vater gehörte zu den beliebtesten und angesehensten Männern des Ortes. War er doch stets sehr hilfsbereit und engagiert.
Als Blutspender erhielt er mehrere Auszeichnungen. Ihm wurde zum Beispiel die goldene Blutspenderehrennadel verliehen. Das ist ein goldenes Kreuz mit einem aufgesetzten roten Stein in der Mitte. Der damalige Bürgermeister des Dorfes hatte sie ihm persönlich überreicht.
Auch in den Jahren in Köln, auf die wir gleich zu sprechen kommen, war er im dortigen Karnevalsverein tätig.
Die selbstverfassten Büttenreden trug er dort gekonnt sehr lustig und humorvoll vor. Auch für diese Einsatzbereitschaft erhielt er mehrere Karnevalsorden und war unter den Karnevalisten mehr als beliebt.
Wir kennen unseren Vater eigentlich nur in seiner blauen Arbeitskleidung, die er auch zu Hause an hatte. In seine Arbeitsschuhe waren vorne Stahlkappen eingearbeitet.

Diese bekam Martina besonders zu spüren.

Im Sommer bedeckte er seinen empfindlichen Kopf mit einem Strohhut, im

Winter mit einer Schiebermütze. Wir hoffen, dass dieser Ausdruck richtig übersetzt ist, denn im Saarland heißt diese Mütze „Batschkapp" und sah aus, wie jene, die in der saarländischen Kultfernsehserie immer von dem Hauptdarsteller getragen wird.

Beim Kennenlernen unserer Eltern war unser Vater bereits Witwer.
Er brachte zwei Kinder mit in die Ehe, den dreijährigen Peter und die zweijährige Monika. Die leibliche Mutter unserer Halbgeschwister hatte sich einige Zeit nach Monikas Geburt in der Scheune unseres Elternhauses erhängt, also Selbstmord begangen.
Was der Grund dafür war, weiß niemand. Außer bestimmt ihrem Ehemann.
Im engeren Familienkreis wurde jedoch, natürlich nur hinter vorgehaltener Hand gemunkelt, dass unser Vater eventuell selbst mit Hand angelegt haben könnte.
Dafür gibt es zwar keinerlei Beweise, aber nach allem, was wir mit ihm erlebten, wäre dies gar nicht so abwegig.

Über diese Frau wissen wir absolut gar nichts. Sie wurde im wahrsten Sinne des

Wortes totgeschwiegen.

Wie schon erwähnt, wann, wie und wo sich unsere Eltern kennenlernten, ist uns nicht bekannt. Unseren Vater trauten wir uns erst gar nicht zu fragen, und die Antwort unserer Mutter war nur: „Das geht Dich doch einen Scheißdreck an."
Nach der Hochzeit wohnten alle gemeinsam im Elternhaus unseres Vaters, der dann eines Tages zu unserer Mutter sagte, dass sie ihren „Bastard" (also ihren unehelichen Sohn) auch zu ihnen nehmen dürfe. Wie willkommen unser Bruder Wolfgang bei ihm war, kann man sich nach diesem Wortlauf, schon vorstellen.
Monika ist übrigens nur vier Wochen älter als Wolfgang. Sie wuchsen daher praktisch wie Zwillinge auf.

Gemeinsam bekamen unsere Eltern dann noch drei Kinder, Uwe, Martina und mich, Sabine. Martina war absolut unerwünscht und Sabine, als Nachzügler, mehr als nur unwillkommen. Aber auch der ältere Bruder Uwe, von dem man eigentlich meinen könnte, dass er das Glück der Beiden damals vervollständigte, bekam mehr als einmal zu

spüren, dass sie auch auf ihn gerne verzichtet hätten.
Uwe war gerade erst geboren, als irgendein heftiger Streit zwischen unserem Opa Johann und unserem Vater derart eskalierte, dass Johann seinen Sohn samt Frau und Kindern aus seinem Haus warf.

Bekannte unserer Eltern beschafften ihnen in Köln eine neue Unterkunft und auch einen Arbeitsplatz für unseren Vater. In Köln, genauer gesagt in Setterich, wurde dann im November 1958 Martina geboren.
An viele Ereignisse, die sich dort zugetragen haben und im nächsten Kapitel umfassend geschildert werden, kann sie sich, bedingt durch ihr damaliges Alter, nur lückenhaft erinnern.

Diese, obwohl lückenhafte Erinnerungen, reichen jedoch schon aus, um die wahren Gesichter unserer Eltern, diese beiden Menschen, zu beschreiben.

Kapitel 3

Auch den tollsten Gänsebraten, die frisst ja nichts

Unser Vater war ein völliger Egoist und interessierte sich ausschließlich für sein eigenes Wohlergehen.
Dazu kam die Gleichgültigkeit unserer Mutter.
Alles zusammen führte dazu, dass wir Kinder noch nicht einmal Spielzeug hatten. Von unseren Eltern bekamen wir gar nichts.
Wirklich gar nichts!
Im wahrsten Sinne des Wortes!
Sie schenkten uns weder Bauklötze noch einen Ball, weder Buntstifte noch eine Puppe.
Ein Bewusstsein, dass Kinder natürlich auch durch das Spielen lernen, hatten sie ganz einfach nicht.
Wir zählten ja überhaupt nicht.
Tatsache ist und bleibt, dass wir nur einfach unerwünschte Objekte waren, die irgendwie weitestgehend alleine klar kommen mussten.
Gerade einmal geduldet und ausschließlich zur Arbeit bestimmt. So wie einfache Sklaven.

Darunter ist aber nicht etwa eine Form von Freiheit oder gar eine Art von antiautoritärer Erziehung gemeint.

Das Gegenteil ist der Fall!

Schlichte Autorität, Ablehnung, gepaart mit physischer und psychischer Misshandlung war immer an der Tagesordnung.
Ihr Erziehungsstil, wenn man ihn als solchen überhaupt so nennen will, war kurz gesagt: Gewalt jeglicher Art und ansonsten totale Ignoranz.
Sie ignorierten ganz einfach die Tatsache, dass wir Kinder waren.
Zwangsläufig kam es dadurch dazu, dass unsere Kindheit und Jugendzeit aus Verzicht (auch bei der Ernährung), Entbehrung und purer Angst bestand.
Wir kannten es nicht anders.
So aufzuwachsen war für uns vollkommen normal.
Und trotzdem besaßen wir einige Dinge, auf die wir ganz doll stolz waren.

Insgesamt nämlich genau drei.

Einen alten Puppenwagen allerdings ohne

Puppe, ein Paar alte gebrauchte Rollschuhe und einen Plüschaffen.
Die ausrangierten Puppenwagen und Rollschuhe bekam Martina von einer Nachbarin überlassen.
Der Plüschaffe kam dann erst später dazu. Den bekam Sabine von ihrer Patentante zum Geburtstag geschenkt.
Immerhin duldeten unsere Eltern den Besitz dieser Sachen.
Aber Kommentare wie: „Wer braucht denn so einen Scheißdreck?", sind bezeichnend für ihre Einstellung zum Großziehen von Kindern. Daran änderte sich auch nichts im Verlaufe der Jahre.
Genau deshalb hüteten wir unsere wenigen Habseligkeiten mehr als unseren Augapfel. Wussten wir doch zu genau, dass, wenn wir sie versehentlich herumliegen lassen würden, sie von unseren Eltern ohne zu überlegen und ohne schlechtes Gewissen entsorgt werden würden.
„ Wärst Du doch bloß verreckt, als Du auf die Welt
gekommen bist." Diesen Satz und noch einige andere ähnlicher Qualität hörten wir, wie schon erwähnt, so gut wie täglich.

Das waren aber leider keine leeren Worthülsen, sondern total ernstgemeinte Realität, mit der wir von frühester Kindheit an konfrontiert waren.
So blieb uns gar nichts anderes übrig, als sich mit dieser Situation notgedrungen zu arrangieren und versuchen, daraus täglich das Beste zu machen.

So wurde zum Beispiel die fehlende Puppe im Puppenwagen durch meine(Martina) Katze ersetzt. Mimi, eine kleine, zierliche, graugetigerte Hauskatze, war in ihrem Wesen ganz lieb und zutraulich und ließ praktisch alles mit sich machen.
Sie fühlte, dass ich ihr niemals etwas antun würde und suchte immer von sich aus meine Nähe.
Sie fungierte für mich sogar als Ersatzpuppe. Ohne jegliche Probleme ließ sich dieses liebe Kätzchen in den Wagen legen und herumfahren. Als ob sie um ihre Aufgabe wusste, blieb sie auch so lange darin, bis ich das Spiel mit ihr irgendwann beendete.

Natürlich vergaß ich nie, dass es sich hier um ein Lebewesen handelte.
Diese ausgeprägte Tierliebe setzt sich bis

heute noch in meinem Leben fort.
Die Katze hatte überaus großes Vertrauen zu mir und fühlte sich völlig zu mir hingezogen.

Zum Beispiel ließ ich immer zum Abend hin, die Tür zu meiner Schlafstätte einen kleinen Spalt offen. Mimi wusste das ganz genau und kam auf leisesten Pfoten heimlich durch diesen Spalt zum Schlafen in mein Bett. Als ob sie ahnte, dass sie von den Eltern nicht bemerkt werden durfte, legte sie sich jede Nacht ganz dicht zu mir an meine Seite. Es ging sogar so weit, dass diese kleine Süße, in meinem Bett ihre Jungen zur Welt brachte. Dies geschah eines Tages mitten in der Nacht.
Als ich das völlig überrascht bemerkte, bekam ich höllische Panik, denn das Bett war auf einmal voller Blut.
Bettlaken, Bettdecke, Matratze und auch der Schlafanzug waren im Nu blutverschmiert.
Mein erster Gedanke war, dass, wenn das die Eltern sehen würden, schlagen sie uns alle tot.
Mich und die Katzen.
Denn Schläge bis hin zu der brutalsten Art, waren bei uns auch ohne Anlass sowieso an der Tagesordnung. Ich wusste nicht, wie die

Beiden reagieren würden, da sie ja von den nächtlichen Besuchen der Katze vorher überhaupt nichts mitbekommen hatten.
Alles geschah ja immer heimlich.
Es war „unser" großes Geheimnis.
Spontan wusste ich nicht, was ich zuerst tun sollte.
Als Fünfjährige hatte ich einfach nur panische Angst um mein Leben und um das der Katzen.

Kümmere ich mich zuerst um die Katze und um die Neugeborenen?
Wenn ja, wie?
Oder sollte ich erst einmal versuchen, das Blut so gut wie möglich zu beseitigen?
In Sekundenschnelle entschied ich mich und nahm als Erstes die Tiere und legte sie zunächst behutsam auf den verschlissenen Sessel im Zimmer. Ich wusste sofort, dass es mir nie gelingen würde das Blut auszuwaschen.
Also zog ich nur das Bett ab und raffte die verschmutzte Wäsche zusammen. Während ich meine blutverschmierte Schlafanzughose auszog, bemerkte ich, dass zwei kleine Katzenbabys schon tot waren. Die anderen Beiden haben aber ihre Geburt offensichtlich

gesund überlebt.
Die toten Tiere aber wickelte ich schon traurig vor mich hin weinend und zutiefst bestürzt, in die Schlafhose ein und machte mir einen, in dieser Situation glücklichen Umstand zu Nutze.
Da unsere Eltern gewohnheitsmäßig morgens nie in mein Zimmer kamen, warf ich also die verschmutzte Wäsche, ohne dass sie es bemerken konnten, in einem geeigneten Moment in die Mülltonne.
Natürlich ganz tief nach unten. Dann bedeckte ich sie mit dem vorhandenen Restmüll. So, dass sie nicht mehr zu sehen war.
Ich wusste mir damals nicht besser zu helfen und fand keine andere Lösung, als das Gleiche auch mit den beiden toten Kätzchen zu machen.
Was sollte ich tun, um auf gar keinen Fall entdeckt zu werden?
Denn das Wichtigste war jetzt, dass insbesondere der brutale Vater, ahnungslos blieb.
Deshalb bezog ich auch das Bett neu und schwindelte der Mutter vor, dass ich das tun musste, weil ich im Schlaf in mein Bett gemacht hätte.

Das die weggeworfene Wäsche verschwunden war, hat unsere Mutter überhaupt nie bemerkt.

Eben allgemeines Chaos und Desinteresse!

Als ob Mimi, die frischgewordene Katzenmutti, auch um die gefährliche Situation instinktiv wusste, verhielt sie sich, um sich und ihre Neugeborenen zu schützen, völlig still und absolut unauffällig.
Sie verließ manchmal von alleine unbemerkt das Zimmer. Als wenn sich Mensch und Tier abgesprochen hätten, wartete sie dann solange, bis ich sie wieder in den Puppenwagen legte und so, unbemerkt von den Eltern, im Wagen zurück zu ihren Babys gelangte.
Sie kümmerte sich wirklich rührend um ihren Nachwuchs.
Die Drei schliefen, von den Anderen unbemerkt, unter meiner Bettdecke und verhielten sich immer absolut geräuschlos.
Doch schließlich brachte ich die kleine Katzenfamilie notgedrungen eines Abends heimlich in den Schuppen. Sie wuchsen mit der Zeit natürlich immer weiter heran und die Gefahr dann noch entdeckt zu werden, schien

mir daher einfach zu groß.
Aus alten Decken baute ich ihnen, gut versteckt, ein kleines, neues und kuschliges zu Hause.
Nie erfuhren unsere Eltern von diesem nächtlichen Ereignis.
Als sie irgendwann die inzwischen größer gewordenen Jungen sahen, erzählte ich ihnen einfach, dass ich die beiden Kätzchen irgendwo gefunden und mit nach Hause genommen hätte.
Damit war für unsere Eltern die Sache auch schon erledigt
Schließlich fangen sie ja Mäuse, waren also irgendwie doch nützlich und leisten damit ihren wichtigsten Beitrag zu ihrer Duldung.
Unser häuslicher Zustand wird auch klarer erkennbar, wenn man sich die Situation rund um unser Essen genauer anschaut.

Martina erinnert sich noch ganz genau:
Im Alter von etwa zehn Jahren war ich regelrecht unterernährt. Das stellte selbst auch unser Hausarzt in Köln fest.
Der kam zu uns ins Haus, als ich eines Tages sehr krank war und unsere Nachbarin, der das nicht entgangen war, auf einen Arztbesuch bestand.

Unter was ich damals genau gelitten habe, weiß ich nicht mehr. Das ist in diesem Zusammenhang aber auch nicht relevant. Jedenfalls wären die Eltern von alleine nie auf den Gedanken gekommen, einen Doktor ins Haus zu holen, nur damit die Kinder Hilfe bekämen.
Das war völlig abwegig.

Immer unter dem Motto: „ Wärst Du doch bloß bei der Geburt verreckt!"
Sie behandelten mich und meine kleine Schwester stets getreu nach diesem Motto.
Wir waren ihnen absolut nichts wert.

Auf meinen unterernährten Zustand angesprochen, antwortete unsere Mutter immer: „ Die frisst ja nichts. Die ist zu faul zum Fressen. Sogar selbst den tollsten Gänsebraten lässt die einfach stehen. Rührt den noch nicht mal an."

Damit hatte sie ausnahmsweise einmal recht.

Es gab auch nur ein einziges Mal einen Gänsebraten bei uns.
Und ausgerechnet diese Gans hatte ich bei der Sankt-Martin-Verlosung in meiner Schule

gewonnen.
Ich war die Glückliche und zog den Hauptpreis. Der bestand eben aus dieser lebenden Gans.
Stolz wie Oscar, trug ich meinen Gewinn nach Hause, wobei mein großer Bruder Wolfgang mir aber helfen musste. Ich war, bedingt durch meine körperliche Schwäche, ursächlich durch die Unterernährung, viel zu kraftlos, um den schweren Gänserich alleine zu tragen.
Gustav taufte ich ihn und ließ ihn frei in unserem Garten laufen.
Ich liebte meinen Gustav und verbrachte jede freie Minute mit ihm.
Mittlerweile war er, wie zuvor auch meine Katze „Mimi", sehr zutraulich und gehorchte mir aufs Wort.
Er war fast so intelligent wie ein Hund. Ich kann hier nur bestätigen, dass sich Gänse und Hunde darin gar nicht so sehr voneinander unterscheiden.
Das ging solange, bis er eines Tages verschwunden war und mir später als Braten vor die Nase gesetzt wurde.
Meine Eltern haben ihn einfach geschlachtet.
Ich brachte es nicht über mein Herz, auch nur ein Stückchen von ihm zu essen.

Es war so schrecklich, so abscheulich für mich, meinen geliebten Gustav so auf dem Küchentisch zu sehen.
Viel zu sehr war er mir ans Herz gewachsen, dieser treue Gänserich.
Meinen Vater freute es aber diabolisch, mich immer wieder darauf hinzuweisen, wie gut ihm doch mein Gustav schmeckte. Nur, um mich damit zu quälen.
Er wusste nur zu genau, wie sehr ich an diesem Tier gehangen habe. Aber demonstrativ schmatzend und grinsend, mit bester Laune, vertilgte er Stück um Stück und genoss dabei zusätzlich meine tiefste Traurigkeit.
Mir brach es mein Herz.

Das alles erzählte sie dem Arzt natürlich nicht.
Ihn ließ sie in dem Glauben, dass ich einfach nur zu faul zum „Fressen" sei.
Der Doktor glaubte ihr das; wusste er es ja nicht besser. Er war, wie viele andere vor und nach ihm auch, auf eine glatte Lüge hereingefallen.
Darum empfahl er meiner Mutter, sie solle mir doch „Rotbäckchen-Saft" zur Anregung des Appetits besorgen.

Das würde vermutlich schon reichen.
Natürlich versprach ihm das meine Mutter.
Natürlich besorgte sie den Saft nicht!
Die Wahrheit indes, stellt sich aber ganz anders dar.
In Wirklichkeit bekam ich zu Hause nur sehr wenig zu Essen und ekelte mich dazu nochregelrecht vor dem Wenigen.
Das nicht etwa, weil ich mäkelig war, sondern bedingt durch die hygienischen Zustände bei uns im Haus.
Zum Beispiel war das Brot manchmal nicht nur alt und hart, sondern auch schon unübersehbar angeschimmelt. Das bekam natürlich der Vater nicht vorgesetzt.
Das war für mich.
„Friss es oder friss es nicht", kommentierte meine Mutter abschließend diesen Zustand.
Für den „Alten" waren immer nur die guten Sachen reserviert.

Das schimmelige Zeugs aß ich natürlich nicht.
Viel zu widerlich fand ich es. Dass Schimmel dazu auch noch nicht gerade förderlich für die Gesundheit ist, ja sogar gefährlich, wusste ich in diesem Kindesalter noch gar nicht.

Aber sogar auch vor dem noch genießbaren Brot war der Ekel groß. Unsere Mutter hatte nämlich die Angewohnheit, den Brotlaib zum Schneiden unter ständigem Drehen vor die Brust auf ihren Kittel zu drücken.
Dieser Kittel war aber immer total verschmutzt, denn sie trug ihn täglich auch im Stall.
Wochenlang!
Sie war zwar von ihrer Natur her richtig faul, aber auf Geheiß unseres Vaters und aus Angst vor ihm, musste sie zwangsläufig wenigstens ab und zu unsere Tiere versorgen. Das gehörte wie selbstverständlich viel mehr zu meinen Aufgaben, aber manchmal kam sie nicht darum herum.
Hühner, Enten und Kaninchen mussten gefüttert und ausgemistet werden.
Im Saarland kamen dann noch Schweine und Puten dazu.
Dazu trug sie von morgens bis abends ständig diesen selben Kittel.
Woche für Woche!
Man kann sich ganz sicher vorstellen, dass man sich einfach ekeln muss, wenn dieses Kleidungsstück mit Nahrung in Kontakt kommt. Zwangsläufig ekelt man sich davor

schon bei der bloßen Vorstellung daran und vermeidet dieses Essen.
Lieber versorgte ich mich irgendwie selbst oder hungerte eben.

Die Eltern kümmerte das aber überhaupt nicht.
Soll sie Fressen oder es bleiben lassen, völlig egal!

Ausgewogene Ernährung, auch nur im Ansatz, war ein absolutes Fremdwort, überhaupt kein Thema bei uns.
Es sei denn, es betraf den Vater.
Für den musste immer alles und ausreichend verfügbar sein.
Alles drehte sich nur immer um ihn.
Hauptsache, er fand bloß keinen Grund wieder auszurasten.
Was aber trotzdem immer wieder, auch ohne jeglichen Anlass, geschah.
Wohlgemerkt, er wurde dann nicht nur laut und böse und schmiss sogar das Essen einfach so vom Tisch (was dann von mir wieder bereinigt werden musste). Sondern er wurde brutalst handgreiflich, mit festen Schlägen und Tritten, mit allem, was er gerade zu Fassen bekam.

Ziemlich oft war das der Fall und war „ganz normal" in unserem Hause.

Diese panische Angst vor ihm!

Im Saarland gab es zum Glück den Garten mit den vielen unterschiedlichen Obstsorten.
Von Pflaumen, Kirschen, Äpfeln, Mirabellen und verschiedenen Beeren, ernährte ich mich praktisch in der Sommerzeit.
Davon war mehr als genug vorhanden, wie im „Schlaraffenland".
Wenn es aber kein Obst mehr gab, schnitt ich mir, von dem noch genießbaren Brot heimlich ein Stückchen ab und „belegte" es mit Zucker.
Zucker war, des Bienenhobbys unseres Vaters wegen, stets im Überfluss vorhanden.
Auch Maggi, die flüssige Speisewürze war, warum auch immer, jederzeit im Haus.
Für mich war das Gewürz der pure Essensersatz. Ich verschlang es manchmal sogar schluckweise direkt aus der Flasche.
Mangels anderem Essen trank ich es pur und ernährte mich längere Zeit, über Jahre, praktisch davon.
Eine warme Mahlzeit gab es eigentlich nur für unseren Vater.

Von dem, was er übrig ließ, (und er war ein guter Esser!) durfte man sich, großzügiger Weise, dann vom Rest bedienen.
Gerade so, wie bei den Rudeltieren, wo sich erst der Ranghöchste satt ist, bevor die Rangniedrigen sich über die Überbleibsel hermachen dürfen.

Nur manchmal wurde so viel(meistens Suppe) gekocht, dass es wirklich für alle reichte.
Absolut oberster Grundsatz war: Hauptsache der Vater wird satt und rastet nicht aus.
Wie dies aber trotzdem häufig genug geschah, wird auf den noch folgenden Seiten, genau beschrieben.

Es ist wohl einleuchtend, dass ein Kind unter diesen Bedingungen nicht gesund aufwachsen kann. Nicht nur unterernährt war ich, sondern dadurch auch allgemein ziemlich kränklich.

Kränklich aber zäh!

Kapitel 4

Die fremde Frau

Die Zeit, in der unsere Familie in Köln wohnte, verlief in keinster Weise ruhiger und friedvoller, als unsere Zeit im Saarland. Auch damals schon zeichnete sich ab, dass die Bezeichnung „Eltern", für diese beiden Menschen, absolut unzutreffend war.

Schläge und Prügel gab es von unserem Vater, auch zu jener Zeit, nur all zu oft. Nicht nur mit den Händen und Fäusten, oder auch mit heftigen Fußtritten.
Nein!
Alles was gerade greifbar war, wurde als waffenähnliches Hilfsmittel dazu verwendet.

So musste Martina damals auch mit ansehen, wie unser zehnjähriger Bruder Uwe, von unserem Vater brutalst attackiert wurde. Einen Grund für diese Übergriffe benötigte unser Vater (wie laufend erwähnt) nie. Bei schlechter Laune, und die hatte er oft, reichte schon ein falscher Blick, ein falsches Wort oder auch nur eine falsche Bewegung vollkommen aus.

An diesem Tag ließ der „Alte“ seinen Frust an Uwe aus.
Er schlug einfach mit einer zufällig herumliegenden Zaunlatte ganz gezielt auf Uwes Kopf ein.

In dieser Latte befanden sich aber auch noch einige Nägel.
Rostige Nägel.
Diese ragten an der Unterseite des Holzstückes heraus.
Die Nägel bohrten sich in Uwes Hinterkopf und blieben dort mitsamt der Latte in seiner Kopfhaut stecken.
Zum Glück nicht tiefer im Schädel!
Unser Bruder sackte, benommen durch den Schlag, langsam zu Boden.
Schockiert musste ich mit meinen sechs Jahren diese Tat mit ansehen, ohne eingreifen und Uwe helfen zu können. Mein Bruder und ich weinten und zitterten vor Angst.
Bevor unser Vater sich dann plötzlich umdrehte und ging, versetzte er Uwe noch einen kräftigen Fußtritt in seinen Hintern.

Dass er abrupt und unerwartet mit seinen Handgreiflichkeiten aufhörte, war für uns abervöllig normal. Es war gerade so, als ob sich dann im Gehirn unseres Vaters, ein Schalter umlegen würde. Er ging dann einfach weg, verließ immer den Ort des Geschehens, ohne auch nur noch einen Blick auf uns zu werfen oder irgendeine Reaktion zu zeigen.

Wie ferngesteuert, so, als ob überhaupt nichts passiert wäre!

Uwe blutete, ihm war schwindelig und erbärmlich schlecht. Ich half ihm, so gut ich nur konnte. Weinend, vor Tränen kaum noch etwas sehen könnend, zog ich unserem Bruder die Zaunlatte mit den Nägeln aus dem Kopf und stillte die Blutung so gut es eben ging mit meinem Taschentuch.
Wir saßen noch eine ganze Weile auf dem Boden hinter dem Haus und warteten bis Uwe wieder fähig war aufzustehen. Ich habe ihn getröstet und beruhigt, was ja eigentlich auch die Aufgabe und natürlichste Reaktion einer jeden Mutter gewesen wäre.

Unsere hatte den Vorfall natürlich gesehen, sich jedoch weder während diesem Ereignis, noch danach, draußen sehen lassen, um

irgendwie einzugreifen oder zu helfen.
Sie blieb einfach im Haus und hatte somit, aus ihrer Sicht, mit diesem Vorfall nicht im Geringsten etwas zu tun. Ignorierte ihn ganz simpel.
Ist doch gar nichts passiert.
So war sie eben.
Herzlos!
Ohne jegliche sichtbare Gefühlsregung. Es sei denn, sie war unmittelbar selbst betroffen.

Durch den ständigen Arbeitswechsel unseres Vaters, waren mehrere Umzüge unumgänglich.
Mal wohnten wir in einer angemieteten Wohnung, mal in einem Mietshaus und ein anderes Mal war es nur eine heruntergekommene Baracke ohne Wasser und ohne Strom.
Vorläufige Endstation war eines Tages die Stadt Kerpen. Dort bewohnten wir, etwas außerhalb, eine Doppelhaushälfte. Das Haus grenzte an ein kleines Wäldchen, vor dem ein Restaurant stand. Die Tochter der Betreiber, Heidi, wurde dort meine beste Freundin. Darauf gehen wir aber später noch etwas genauer ein.
Rechts von unserem Haus verlief die

Schnellstraße und ganz in der Nähe befand sich eine große Kiesgrube. Schon zu dieser Zeit zeichnete sich meine Unterernährung ganz deutlich ab. Meine körperliche Verfassung war alles andere als gut. Oftmals war nicht genug Geld in der Haushaltskasse und daher gab es für mich auch nicht genug zu essen.
Offiziell wurde es von meiner Mutter ja so dargestellt, dass ich das Essen verweigern würde.
Daran hat sich nie etwas geändert.
In Wahrheit war es viel wichtiger, dass unser Vater reichlich Essen hatte und für die Kinder einfach nicht genug übrig blieb.
Dazu die Handgreiflichkeiten und Prügeleien unseres Vaters, die Gleichgültigkeit unserer Mutter und die Lieblosigkeit beider Elternteile, führten mich dann zu dem Entschluss, mein Leben zu beenden.

Diesen ständigen Psychoterror und diese permanente Angst vor dem „Alten" hielt ich ganz einfach nicht mehr länger aus.
Es war so unerträglich für mich.
Ich wollte nicht mehr.
Ich wollte nie wieder dahin zurückkehren, was mein zu Hause, was für mich nur noch

die Hölle war.
So beschloss ich tatsächlich eines Tages, auf dem Heimweg von der Schule, einfach von einer Eisenbahnbrücke vor einen Zug zu springen und unumstößlich all dem ein Ende zu bereiten.
Mit meinen fast sieben Jahren, war ich so verzweifelt, dass ich keinen anderen Ausweg mehr für mich sah. Ich war fest davon überzeugt, dass ich meinen Eltern sowieso absolut nicht fehlen würde.
Mit Sicherheit würde ich ihnen sogar noch einen Gefallen damit tun.
Denn, dass ich bei meiner Geburt besser verreckt wäre, sagten mir beide oft genug.
Mein Entschluss stand fest.
Und so kletterte ich, verzweifelt und bitterlich weinend, auf das Brückengeländer, um zu springen.

Vollkommen überzeugt, mich vor den einen unter mir vorbeifahrenden Zug zu stürzen.
Er müsste bald kommen. Lange bräuchte ich nicht zu warten.
Eine Minute?
Oder zwei Minuten?
Vorher schaute ich sogar aufmerksam umher.
Keiner sollte mich sehen und mich vielleicht

etwa von meiner Absicht abhalten.
Aber es war niemand da. Niemand bemerkte mich.
Ich hätte es auf jeden Fall getan!
Dass mein Vorhaben jedoch zufällig von einer mir bis heute völlig unbekannten jungen Frau wahrscheinlich doch beobachtet wurde, bemerkte ich, vielleicht auf Grund meiner totalen Verzweiflung, überhaupt nicht.
Plötzlich, wie aus dem Nichts, war sie da.
Ich kann mir das bis heute nicht erklären.
Wo kam sie denn auf einmal her?
Mit ihrem Kinderwagen, den sie vor sich her schob, stellte sie sich ganz dicht zu mir an das Brückengeländer. Sie griff, sichtlich geschockt, nach meinem Arm. Aber auch überaus ergriffen über meine Absicht, redete sie mir mit ihrer leisen und ganz ruhigen Stimme gut zu. Ihre vielen lieben Worte und ihre liebevolle Art, hielten mich von dem Sprung in die Tiefe ab. Sehr geduldvoll sprach sie eine lange Zeit mit mir und beruhigte mich mehr und mehr. Sie schaffte es schließlich, mich dazu zu bringen, wieder von dem Geländer (auf dem ich die ganze Zeit noch stand) herunter zu klettern.
Wo kam sie bloß auf einmal her?
Sofort nahm sie mich in ihre Arme, drückte

mich ganz fest an sich und begann zu weinen.
So viel Liebe hatte ich bis zu diesem Moment noch nie erfahren.
Ein Erwachsener hatte Empathie mit mir und kümmerte sich um mich.
So etwas kannte ich gar nicht.
Das war mir völlig fremd.
Sie nahm mich an die Hand und ging mit mir von dieser Brücke. Währenddessen versuchte sie immer wieder, meine Adresse herauszufinden.
Meinen Vornamen kannte sie schon, den hatte ich ihr vorher auf dem Geländer stehend bereits verraten.
Ich ging mit ihr ein Stück, festgekrallt an ihren Kinderwagen, bis ich stehen blieb.
Auf keinen Fall durfte sie meinen Eltern etwas von diesem Versuch, mein Leben zu beenden, erzählen. Immer wieder flehte ich sie an, mich alleine nach Hause gehen zu lassen. Erst nachdem ich ihr mehrfach versprach, so etwas nie wieder zu tun, ließ sie mich schweren Herzens gehen und blieb zurück.

Ich habe diese unbekannte junge Frau, die wahrscheinlich der Himmel geschickt hat, nie wieder gesehen.

Liebend gerne würde ich sie noch einmal treffen. Oder war es doch ein Engel, mein Schutzengel?
Sollte es so etwas tatsächlich geben, dann war sie es.
Ganz sicher.

Und glauben Sie mir, liebe Leserinnen und Leser, ich habe das nicht geträumt.
Genauso hat es sich abgespielt.

Ich wartete noch eine Zeitlang, bevor ich ins Haus ging, damit auf keinen Fall jemand von den Eltern mein verweintes Gesicht sehen konnte.

Oftmals, wenn die Gewaltattacken und die Misshandlungen, diese alltägliche Brutalität unseres Vaters wieder unerträglich wurden, überlegte ich mir, doch noch einmal auf dieses Geländer zu klettern.

Nur meine Versicherung, die ich dieser lieben Frau gab, hielt mich jeweils davon ab.
Ich hatte es ihr geschworen.
Die Gewaltbereitschaft von unserem Vater

wurde von ihm immer mit lautem Geschrei untermalt. So laut, dass die Nachbarin öfter zu uns herüber kam, um uns zu helfen.
Sie war etwa dreißig Jahre alt und eine bildhübsche Frau. Ihre dunkelbraunen Haare und ihre funkelnden, dunklen Augen, gefielen auch unserem Vater ganz offenbar sehr gut. War sie in ihrem Erscheinungsbild doch das genaue Gegenteil von seiner eigenen Frau. Immer wenn er sie sah, setzte er sofort ein Lächeln auf und umschmeichelte sie aufdringlich.
Gierig wie ein läufiger Hund.
Dass sie eigentlich immer auf jeder Seite ihrer Hüften eines ihrer Kinder zu sitzen hatte, hielt ihn nicht davon ab, sie förmlich lechzend anzubaggern. Sie schaffte es jedoch jedes Mal, ihn zu beruhigen und wollte von ihm nichts wissen.
Da er es auch damals schon mit der Treue nicht so genau nahm, versuchte er auf jede erdenkliche Art, doch noch bei ihr zu landen. Plötzlich war er dann wie ausgewechselt. Äußerst charmant warf er mit Komplimenten nur so um sich, war überaus höflich und zuvorkommend.
So konnte er auch sein.
Aber nie zur Ehefrau und seinen Kindern.

Er war die fleischgewordene Romanfigur: „Dr. Jekyll und Mr. Hyde."

Bestie und Ehrenmann in einer Person.

Unsere Mutter interessierte das aber überhaupt nicht.
Von Eifersucht war bei ihr keine Spur!

Erst, wenn sich unser Vater vollkommen beruhigt hatte, ging die Nachbarin wieder nach Hause.
Obwohl er sich immer vergebens um sie bemühte, war der Rest des Tages somit erst einmal für uns gerettet.
Im Grunde nicht nachvollziehbar, war es doch eine regelmäßige Abfuhr und Niederlage, die er einstecken musste.
Eigentlich Anlass genug, wieder auszurasten; seltsamer Weise blieb er aber ziemlich gelassen.
Doch dieser friedfertige Zustand war leider nie von langer Dauer und bald fing alles wieder von vorne an.

Das einzig wirklich Schöne, was ich mit meiner Kindheit und der Zeit im Rheinland verbinden kann, sind die Auftritte, die ich in der Karnevalszeit als Funkenmariechen hatte.

Mein Vater war ja dort als aktives Mitglied in einem Karnevalsverein tätig. So kam es auch dazu, dass ich in der dortigen Kindertanzgruppe mitmachen durfte.
Wenn ich tanzen konnte und nicht an mein zu Hause denken musste, dann vergaß ich alles um mich herum.
Das war wie das Eintauchen in eine andere Welt. Die Musik, das Publikum, es war wie ein kleiner Rausch.

In meinem weiß-roten Funkenkostüm schlug ich ein Rad nach dem anderen, viele Tanzschritte, Hüpfen, Drehen und mein Spagat zum Schluss einer jeden Aufführung, ließen alle Zuschauerbegeistert und kräftig applaudieren.
In diesem Moment durfte ich endlich mal ganz Kind sein und war für diese wenigen Minuten von meinen Sorgen befreit.

In der Schule wurde ich, wegen meiner Kleidung und unserem Elternhaus, von den meisten Kindern ständig gehänselt .Ich war mittlerweile sieben Jahre alt und ging in die erste Klasse der Grundschule.

Schöne oder auch nur wenigstens halbwegs vorzeigbare Anziehsachen, so wie die Anderen sie hatten, besaß ich nicht.
Entweder waren die Hosen zu lang oder zu kurz. Genau so war es auch mit den Pullovern und Shirts.

Unsere Eltern kauften uns weder Spielsachen noch Bekleidung.
Immerhin sorgten sie aber dafür, dass wir etwas zum Anziehen hatten. Was, das war ihnen aber völlig egal.
Diese Sachen waren meistens so alt und verschlissen, dass wir nur vermuten können woher sie kamen.
Eine ernsthafte Möglichkeit wäre der Altkleidercontainer, eine andere, die von Bekannten überlassene, aber bereits abgetragene Kleidung ihrer Kinder.
Dabei wurde weder auf die Größen, noch auf den Zustand der Sachen geachtet. Man kann sagen, dass uns praktisch nichts davon auch nur annähernd gepasst hatte.
Ob zu groß oder zu klein, ob für Jungen oder Mädchen, es war total egal.

Wie schon vorher einmal erwähnt war eigentlich die einzige Leidenschaft, die

unsere Mutter hatte und pflegte, die Handarbeit.
Besonders das Stricken.
Nicht gerade all zu oft fiel sogar für Sabine etwas davon ab. Das kam selten genug vor.
Für mich nie.
Das Meiste verschenkte sie wohl oder konnte ein paar Arbeiten vielleicht sogar gegen Geld an den Mann oder die Frau bringen.
Keine Ahnung.
Ein willkommener Nebeneffekt für sie war, dass sie überall erzählen konnte wie sie für uns doch so nachhaltig sorgen würde. Auch die Variante, es wäre so wenig Geld im Haus, dass sie es tun müsse, damit wir überhaupt etwas zum Anziehen hätten, war vorzüglich geeignet, Mitleid mit ihr zu erhaschen.
Wie gesagt, es war ihr sehr wichtig, im Mittelpunkt zu stehen.
In Wahrheit aber tat sie es keinesfalls etwa für uns, sondern aus einem einzigen Grund:
Es machte ihr einfach nur Spaß.
Aber ihre Lust für die Handarbeit wurde mit der Zeit immer geringer. Bis sie es schließlich mehr oder weniger ganz einstellte.

Alles zusammengenommen führte zwangsläufig dazu, dass wir im Dorf

entsprechend aufgefallen sind. Abschätzige aber auch mitleidige Blicke der Erwachsenen blieben uns natürlich nicht verborgen.
Aber wir konnten ja an den Zuständen nichts verändern.
Viel schlimmer jedoch war das Verhalten der anderen Kinder uns gegenüber. Natürlich wurden wir gehänselt, verspottet, ausgelacht.
Glücklicherweise sind wir aber von denen nie körperlich angegriffen worden. Wenigstens das blieb uns erspart.
Aber sonst wurden wir weitestgehend gemieden.
Man spielte nicht mit uns.
Man bezog uns nicht mit ein.
Man grenzte uns aus.
Wir waren praktisch isoliert.

Wir fühlten uns als Aussätzige, die ganz einfach nicht dazugehörten. Gaben einen erbärmlichen Anblick ab, der durch meine offen sichtbare Unterernährung zusätzlich noch nachhaltig verstärkt wurde.

Die einzige Ausnahme bildete aber Heidi. Ein Mädchen, das sich niemals an den Hänseleien beteiligte und meine beste Freundin wurde.

Sie wohnte direkt gegenüber und wir gingen beide in dieselbe Klasse.
Diese Freundschaft basierte auf ehrlicher gegenseitiger Sympathie und eben nicht auf Mitleid.
Sie scherte sich nicht (im positiven Sinne) um mein Äußeres.
Im Gegenteil.
Immer freundlich und lieb zu mir, akzeptierte sie, was eben nicht zu ändern war.
Ab und zu, sonntags nach getaner Arbeit, durfte ich Heidi besuchen. Im Fernsehen guckten wir dann zusammen unsere Lieblingssendung „Flipper" der Delphin.
Hier konnte ich endlich ein bisschen meinen Alltag vergessen.
Die Eltern von Heidi bewirtschafteten ein Lokal, das „Waldschlösslein." Dort passten wir beiden Mädchen auch öfter auf Heidi's kleineren Bruder auf. Ich liebte das so sehr, dass es jedes Mal auf's Neue mein Wunsch war, selbst noch ein kleines Geschwisterchen zu haben.
Auch Heidi's Mutter mochte mich sehr.
Sie schenkte mir manchmal sogar aussortierte, stets aber noch einwandfreie Kleidung ihrer Tochter. Zwar war mir auch hier alles zu groß, passte also nicht wirklich.

Denn meine Freundin war nicht so schmächtig wie ich; aber ich liebte diese Sachen.
Sie waren nicht zu vergleichen mit den „fast-Lumpen", die ich sonst tragen musste.

Die Freundschaft zwischen uns Mädchen war so intensiv, dass die Heidi richtig krank wurde, als ich mit meinen Eltern eines Tages wieder wegziehen musste. Sie lag eine Woche lang mit Fieber im Bett. Aufgrund der entstandenen räumlichen Distanz, haben wir uns mit der Zeit aber leider wieder aus den Augen verloren.
Sehr, sehr schade!

Ich bin ihr heute noch für ihr liebes Wesen und unsere Freundschaft mehr als nur dankbar und denke noch oft an sie zurück.

Nicht zu vergessen ist aber auch „Fiffi".
Fiffi war ein kleiner brauner Mischlingshund. Offenbar von seinem Besitzer ausgesetzt. Plötzlich war er eines Tages da. Er lief mir nach Schulschluss auf meinem Weg nach Hause einfach nach. Von diesem Tag an war er mein ständiger Begleiter. Natürlich hatten unsere Eltern auch dagegen etwas, hatten

von Anfang an eine Abneigung gegen ihn. Schließlich war er aus ihrer Sicht, zu nichts zu gebrauchen.
Er durfte nie in unser Haus, blieb aber immer in unmittelbarer Nähe und verbrachte die Nächte im Schuppen.

Wenn unser Vater ihn jedoch sah, der Hund ihm nur über den Weg lief, gab es Tritte für das Tier oder er warf alle möglichen Gegenstände, wie zum Beispiel Steine, nach ihm.

Steine, Blumentöpfe, alles was gerade greifbar war und sich eignete, nach einem geworfen zu werden, schmiss er übelgelaunt, gezielt auch auf seine Familienmitglieder. Insbesondere auf uns Kinder.
Es kam auch vor, dass, wenn er getroffen hatte, die eine oder andere Kopfplatzwunde ärztlich behandelt, sogar genäht werden musste.
Natürlich nicht aus der Sorge der Eltern heraus. Vielmehr musste man sich darum schon selbst kümmern.
Gleichgültigkeit wohin man auch schaute. Umfassende, totale Gleichgültigkeit.
Hilfe hatten wir nicht zu erwarten. Darauf

brauchten wir gar nicht erst zu hoffen.

Fiffi fühlte sich, so wie vorher schon Mimi die Katze, dennoch sehr zu mir hingezogen. Ich sorgte selbstverständlich für seine Verpflegung, indem ich von dem wenigen Essen, das mir zu Verfügung stand, immer noch etwas für ihn abzweigte.
Das Unglück geschah aber schon nach kurzer Zeit. Er wurde von einem Bundeswehrfahrzeug totgefahren.
Ich war am Boden zerstört.

Hatte ich doch wieder einen lieben und treuen Freund verloren, wie schon zuvor meinen lieben Gänserich Gustav.

Ich beerdigte meinen Hund selbst, alleine. Niemand half mir. Trost fand ich nur bei Heidi und deren Eltern. In einer nahegelegenen Kiesgrube fand er seine letzte Ruhestätte. Ich schmückte sein Grab mit einem großen Stein und schrieb mit einem Filzstift seinen Namen darauf. Selbst diesen Filzstift musste ich mir von Heidi ausleihen. Nicht einmal einen solchen Stift besaß ich.
Lange Zeit brachte ich jeden Tag frisch gepflückte Blümchen auf Fiffi`s Grab und

weinte um ihn.

Oft standen wir Kinder vor verschlossener Haustüre, wenn wir mittags aus der Schule kamen. Unsere Eltern hatten dann wieder einmal Besuch.
Während wir draußen vor dem Haus auf und ab gingen und warteten, bis wir wieder rein gelassen werden würden.
Wir taten das, um in Bewegung zu bleiben, weil es bitterkalt war. Dabei kam es nicht selten vor, dass wir das lustvolle Stöhnen unserer Eltern und deren Besuchern hören mussten.
Unsere Eltern liebten die Variante des Partnertausches. Zu jeder sich bietenden Tageszeit, regelmäßig und für einen langen Zeitraum. Woher die ständig wechselnden Paare kamen oder wie die Kontakte zu ihnen entstanden, wissen wir nicht. Aber es kamen viele und immer andere Gleichgesinnte.
Erst nachdem die Schäferstündchen beendet waren, durften wir wieder ins Haus. Im Gegensatz zu mir, wussten unsere älteren Geschwister ganz genau, was sich dort, hinter der verschlossenen Tür, abgespielt hatte. Sie schämten sich vor jedem Vorbeigehenden, der dieses Gestöhne,

unwillkürlich bemerken musste.
Wenn unser Vater jedoch, bedingt durch seine neue Tätigkeit als Fernfahrer, für mehrere Tage nicht zu Hause war, fanden solche Besuche nicht statt.
Dann war damit vorübergehend Pause.

Diese Gelegenheit nutzte unsere Mutter aber anders aus und war, wenn sie nicht den ganzen Tag in ihrem Bett lag, irgendwo in der Stadt unterwegs. Bei wem sie sich dann stundenlang aufhielt, erzählte sie uns natürlich nicht.
Es ging uns schließlich gar nichts an.
Die gesamte Wohnung war in dieser Zeit noch schmutziger und verwahrloster als sonst schon.
Wenn wir dann aus der Schule kamen, mussten wir erst einmal einheizen, die wichtigsten Hausarbeiten verrichten und aus den wenig vorhandenen Lebensmitteln das Essen zubereiten. Alles musste fertig sein, bis unsere Mutter irgendwann nach Hause kam. Sonst hätte es natürlich wieder großen Ärger gegeben, sie selbst rührte keinen Finger.
War sie wieder zurück, setzte sie sich gerne an den, selbstverständlich von uns gedeckten Tisch, und trank nach dem Essen eine heiße

Tasse Kaffee.

Auf ihre Abwesenheit durfte man sie jedoch keinesfalls ansprechen. Dann gab es Probleme. Und die wollte man aber auf jeden Fall verhindern. Also stellten wir keine Fragen.
Welcher schrecklichen Tätigkeit sie allerdings nachging, fand ich eines Tages durch einen Zufall heraus.

An einem Vormittag, weil irgendwelche Stunden ausgefallen waren, kam ich früher als erwartet von der Schule nach Hause. Schon im Flur bemerkte ich, dass meine Mutter nicht alleine im Haus war. Durch die Tür des Elternschlafzimmers waren nämlich fremde Stimmen zu hören. Um mich zu melden und zu sagen, dass ich schon daheim war, klopfte ich an der Zimmertür und ging hinein. Auf dem Bett unserer Eltern lag eine, nur noch mit einer Bluse bekleidete fremde Frau.
Mit angewinkelten Beinen.
Das ganze Bettlaken war voller, vielem Blut.
Vor ihr kniete unsere Mutter mit zwei Stricknadeln in ihren Händen. Sie schrie mich lauthals an, dass ich sofort verschwinden

solle. Geschockt von diesem Anblick knallte ich augenblicklich die Tür zu und rannte in mein Zimmer.
Ich wusste überhaupt nicht, was das gerade war, was ich da eben gesehen hatte. Aber Fragen über das, was da vor sich gegangen ist, traute ich mich gar nicht erst zu stellen. Ich hätte zwangsläufig nur wieder Ärger bekommen aber sowieso keine Antworten. Also ließ ich es lieber gleich sein.

Erst viele Jahre danach wurde mir bewusst, dass ich unsere Mutter dabei ertappte, wie sie gerade eine Abtreibung vornahm.
Wie sich später herausstellte, machte sie das ganz „professionell", also gewerbsmäßig aber natürlich illegal. Sie war als sogenannte „Engelsmacherin" in Stadt und Dörfern unterwegs.
Nun wurde uns auch klar, warum Wolfgang sie öfter auf seinem Moped zu verschiedenen Adressen fahren musste. Auch er hatte sie schon bei ihrer „Arbeit", überrascht als er eines Tages wegen Zeitdrucks, nicht mehr länger vor einem Haus auf sie warten konnte. Da sie trotz des Hupens und der lauten Rufe unseres Bruders keine Anstalten machte, aus diesem Haus zu kommen, ging er schließlich

hinein und ertappte sie in der gleichen Situation, wie auch ich schon einige Zeit zuvor.

Entsetzt sahen wir Kinder sie dann abends, mit genau diesen Stricknadeln, beim Stricken von neuen Strümpfen für unseren Vater.
Sie hatte sie noch nicht einmal ausgetauscht.

Neben diesen ganzen Geschehnissen, herrschten bei uns nach wie vor Terror und Gewalt. Prügel von unserem Vater stand weiterhin an der Tagesordnung. Gezielt geworfene Blumentöpfe oder andere Gegenstände waren noch die harmlosesten Gewaltattacken, die von ihm ausgingen.
Ihre Fürsorgepflicht vernachlässigten beide Elternteile noch immer auf das Gröbste.

An einem Samstag verletzte sich unser Bruder Uwe schwer. Wie Jungen es völlig normal in diesem Alter tun, kletterte auch er gerne auf Bäume. Er versuchte dabei, sich so wie sein Idol„Tarzan", von einem Baum auf den nächsten zu schwingen.
Das gelang ihm auch wirklich ganz gut, bis der Ast eines Baumes abriss und unseren Bruder mit nach unten zog. Bei dem Versuch,

irgendwo Halt zu finden, blieb er mit seinem Hals an einem heraussstehenden Nagel oder an einem Zweig hängen. Uwe hing wie aufgespießt an diesem Baum und konnte sich nicht mehr selbst befreien. Bei jeder Bewegung drohte sich das spitze Teil weiter in ihn hinein zu bohren. Auch ich, die diese Kunststücke meines Bruders oft mit großer Bewunderung beobachtete, konnte ihm, wegen meiner zu geringen Größe, nicht helfen.
Voller Panik lief ich daher so schnell ich nur konnte nach Hause, um unsere Eltern zur Hilfe zu holen.
Unser Vater war gerade damit beschäftigt, sein Auto zu waschen.
Weinend, voller Sorge um meinen Bruder, erzählte ich ihm, was passiert war. Ihn schien es jedoch nicht sonderlich zu interessieren und unterbrach auch nicht seine Arbeit. Ich bettelte ihn flehend an, mit mir zu kommen, um Uwe zu helfen. Doch er blieb völlig unbeeindruckt von dieser wohl doch lebensgefährlichen Situation.
Ganz im Gegenteil.

Als ich nicht locker ließ, fing er an zu schimpfen und zu schreien.

„Dieser Hornochse. Was macht der auf einem Baum? Wenn er zu blöd ist, auf einen Baum zu klettern, dann soll er es bleiben lassen", schrie er mich nur an, und putzte weiter an seinem Wagen, ohne jegliche Anstalten, sich um sein Kind zu kümmern.
Er war schließlich anderweitig beschäftigt!

Unsere Mutter hatte, natürlich für sie, wie immer, auch keinerlei Verlangen nach ihrem Sohn zu sehen.
Es interessierte sie, wie schon gewohnt, einfach nicht die „Bohne".

So schnappte ich mir aus der Küche ein Geschirrtuch, und rannte so schnell wie es nur möglich war, zu meinem Bruder zurück.
Er hatte es aber doch mittlerweile geschafft, sich irgendwie selbst zu befreien, lag jedoch blutend unter dem Baum. Mit seiner Hand versuchte er sich, die Wunde an seinem Hals selbst fest zu zudrücken.
Ich hatte solche Angst, dass er verbluten könnte; so groß war die Wunde.
Mit all meiner Kraft drückte ich ihm das mitgebrachte Geschirrtuch auf seine Verletzung und liefen dann beide zu Fuß, Hand in Hand, ins mehrere Kilometer

entfernte Krankenhaus. Zwischendurch mussten wir immer wieder stehen bleiben. Zusehends ging es Uwe schlechter und er wurde schwächer und schwächer. Schließlich musste er sich beim Gehen immer mehr auf mich abstützen und schleppte sich schon halb ohnmächtig weiter voran.
Aber letztendlich haben wir es nach gut zwei Stunden geschafft.
Ich habe meinen großen Bruder ins Krankenhaus gebracht.
Seine Wunde wurde ärztlich versorgt. Sie wurde gesäubert und musste mit mehreren Stichen genäht werden.

Auf die Frage, wo denn unsere Eltern bleiben und ob sie über diesen Vorfall informiert seien, antworteten wir wahrheitswidrig, dass sie nichts von diesem Unfall wissen würden. Sie wären nicht zu Hause, weil sie nur kurz in die Stadt zum Einkaufen wollten.
Wir versprachen aber, obwohl wir wussten, dass wir in diesem Moment logen, dass wir gleich montags mit unseren Eltern zur Nachkontrolle wiederkommen würden.
Aber dieses Versprechen war für uns in diesem Moment die einzige Möglichkeit, dass uns die Ärzte wieder nach Hause gehen

ließen, ohne weitere Maßnahmen zu ergreifen.
Und das war enorm wichtig für uns.
Denn wir wollten um jeden Preis dem Zorn des Vaters, so gut es eben ging, entgehen.

Wir machten uns sehr große Sorgen um die Kosten, die diese Verletzung und ihre Behandlung verursachte.
Mit welchem Geld sollte denn diese Rechnung bloß beglichen werden?
Der Gedanke, dass unsere Eltern für uns etwas zahlen müssten, jagte uns beiden enorme Furcht ein. Denn das wäre auf jeden Fall mal wieder ein weiterer Grund, um uns zu verprügeln.
Langsam und ängstlich machten wir uns auf den Heimweg.
Wieder Hand in Hand.
Um uns ja nur weiteren Ärger zu ersparen, warteten wir erst und schlichen in einem unbeobachteten Moment ins Haus und legten uns sofort in unsere Betten.
Unsere Eltern haben die stundenlange Abwesenheit entweder nicht bemerkt oder ahnten vielleicht, dass wir, nach Hilfe suchend, unterwegs waren.
Jedenfalls war es ihnen wieder einmal

vollkommen egal.

Ob sich die Ärzte des Krankenhauses jemals bei ihnen gemeldet hatten, wurde uns nie erzählt.
Wahrscheinlich aber eher nicht.
Denn das hätten wir mit körperlicher Züchtigung auf jeden Fall zurück bezahlt.
Das hätte unser Vater nicht einfach auf sich sitzen lassen.
Die Fäden jedenfalls, wurden von unserer Mutter mehrere Tage später, selbst gezogen.

Immerhin!

Kapitel 5

Für eine Hand voll Pflaumen

Es war mal wieder so weit.
Eines Tages erfuhren Uwe und ich, dass wir wieder einmal umziehen mussten.
Zurück ins Saarland.
Ganz beiläufig schnappten mein Bruder und ich eine Unterhaltung unserer Eltern auf.
Besprochen wurde mit uns nie irgendetwas.
So wurden auch die Umzugspläne weder mit uns durchgegangen, noch geplant oder wurden wir gar nach unserer Meinung gefragt.

Es war einfach so.
Schluss, aus!

Unser Großvater Johann war zwischenzeitlich verstorben und unsere Oma Maria konnte die Hofarbeiten nicht ohne ihn alleine bewältigen.
Auch wollte sie nicht ganz verlassen in diesem großen Haus leben.
Deshalb bat sie ihren einzigen Sohn, unseren Vater, wieder zurück nach Hause zu kommen.

Da sich die Streitigkeiten damals ja nur auf Vater und Sohn bezogen hatten, gab es jetzt, nach dem Ableben von unserem Opa, keine Gründe mehr für unseren Vater, die Bitte seiner Mutter abzulehnen.

Auch die Tatsache, dass er, als einziger Sohn, das Haus samt Ländereien überschrieben bekommen würde, erleichterte vermutlich unseren Eltern die Entscheidung eines Neuanfanges in ihrer alten Heimat.

So stand also einem erneuten Umzug nichts im Wege.

Ja, ich freute mich sogar sehr darüber. Trotzdem ich dafür meine Freundin Heidi verlassen musste.
Ich verbrachte doch ab und an und sehr gerne meine Ferien bei meiner geliebten Oma. Sie sorgte stets sehr liebevoll für mein Wohlergehen und peppelte mich dann immer wieder auf.
Ihre herzliche Art und ihre Zuneigung taten mir unbeschreiblich gut.
Leider erlaubten mir meine Eltern aber nur sehr selten, meine Ferien bei ihr zu verbringen, und ich kam deshalb nicht allzu

oft in diesen Genuss.
Die wenigen Male aber durfte ich es mir richtig gut gehen lassen und ich denke noch so oft an diese kostbare Zeit zurück, die ich zusammen mit meiner Oma Maria verbringen durfte.
Ich bin ihr heute noch unendlich dankbar dafür.

Es zogen jedoch nicht alle Geschwister mit uns um.

Wolfgang hatte bereits eine Lehre in Kerpen als Karosseriebauer begonnen. Er bewohnte ein möbliertes Zimmer in der Stadt, welches sein Chef ihm zur Verfügung gestellt hatte. Nur manchmal kam er noch über das Wochenende zu uns nach Hause.

Ebenso Peter. Er befand sich schon inmitten seiner Lehrzeit als Einzelhandelskaufmann und wohnte ebenfalls, seit geraumer Zeit, nicht mehr in unserem Haus.

Auch Monika hatte unser Elternhaus bereits verlassen. Sie erlernte zu diesem Zeitpunkt, in der Stadt Horrem (bei Köln), in einer Boutique, den Beruf der Verkäuferin.

In Horrem bewohnte auch sie ein möbliertes Zimmer und kam nur noch sehr selten zu uns zu Besuch.
Wenn sie aber mal Heim kam, dann brachte sie mir aus der Boutique immer etwas Schönes zum Anziehen mit.

Die Freude darüber wehrte allerdings nur kurz.
Denn leider durfte ich diese schöne Kleidung nicht behalten. Unsere Mutter nahm sie mir, wenn Monika wieder abgereist war, kurzerhand jedesmal wieder weg.
Was sie anschließend damit machte, weiß ich bis heute nicht.
Wahrscheinlich verschenkte oder verkaufte sie die, für mich einfach herrlichen „Gewänder", einfach so.
Obwohl ich es mehr als nötig gehabt hätte, ließ sie mir diese Kleidungsstücke nicht.

So zogen nur unsere Eltern, Uwe und ich, Anfang 1969, zu unserer Oma zurück ins Saarland.

Der Abschied von meiner Freundin Heidi, verlief natürlich sehr traurig und tränenreich. War sie doch damals meine einzige Freundin, die ich hatte.

Uwe und ich lebten uns sehr schnell in unserem neuen zu Hause ein.
Es dauerte jedoch noch einige Zeit bis ich, aufgrund meines Kölner Dialektes, nicht mehr von den Kindern aber auch den Lehrern in meiner neuen Schule gehänselt und ausgelacht wurde. So lange aber war es meine Oma, die mir immer zur Seite stand und sich selbst die Lehrer zur Brust nahm.
Meine Eltern interessierten meine Sorgen und Schwierigkeiten, wie stets, überhaupt nicht.
Auf meine Oma Maria konnte ich mich aber verlassen, sie war immer für mich da. Sie tröstete mich mit ihrer liebevollen Art und versprach mir, dass die Hänseleien schon bald aufhören würden.

Und sie behielt Recht.
Bereits nach einigen Wochen freundeten sich sogar ein paar Mädchen aus der Schule mit mir an und ich fand nach einiger Zeit wieder eine neue beste Freundin.
Sie hieß Sonja und wir beide verstanden uns richtig gut.

Es war eine herrliche Zeit.

Die Handgreiflichkeiten und Übergriffe unseres Vaters schienen vorbei zu sein.
Dank unserer Oma.
Anscheinend hatte er doch einen gehörigen Respekt vor seiner Mutter. Er hielt sich zurück. Es gab manchmal einen Klapps oder er schrie uns mal an.
Aber mehr nicht.
Denn in solch einem Moment war auch schon gleich unsere Oma zur Stelle und wies ihn resolut in seine Schranken.
Wir dachten wirklich, dass die Zeit der Prügelattacken endlich vorüber sei und wir nun endlich eine gute, und wenigstens aber gewaltfreie Zukunft haben würden.
Auch unsere Mutter hielt sich zurück.
Trotzdem merkten Uwe und ich schon bald, dass die Stimmung zwischen den Eltern und unserer Oma alles andere als harmonisch war.
Es gab immer wieder Streitereien wegen allem Möglichen, auch um Kleinigkeiten oder Nebensächlichem.
Dennoch verlief die Zeit, im Gegensatz zu früher, viel ruhiger und mit weitaus weniger Gewalt ab.

So vergingen ungefähr eineinhalb Jahre.

Eine, im Grunde genommen, im Gegensatz zu früher, herrliche Zeit.

Doch dann wurde unsere Großmutter krank und musste schließlich sogar ins nahegelegene Krankenhaus.
Sie litt an einer Phlegmone.
Das ist eine eitrige, sich ausbreitende Infektionserkrankung der Haut.
Durch eine kleine Verletzung an ihrem Bauch drangen höchst wahrscheinlich während der Heuernte Staubpartikel in ihren Körper und lösten so eine Entzündung aus.
Sie bekam große Schmerzen und dazu noch hohes Fieber.
Es hatte sich mittlerweile schon ein Abszess an ihrem Bauch gebildet. Sie stand kurz vor einer Blutvergiftung.
Der herbeigerufene Hausarzt überwies sie sofort in ein Krankenhaus.
Dort musste sie auch einige Wochen bleiben.
Wie es uns in dieser Zeit zu Hause erging, muss ich wohl nicht näher erläutern.
Alles fing wieder von vorne an.
Schläge, Schreie, Handgreiflichkeiten jeglicher Art, mussten Uwe und ich wieder über uns ergehen lassen.
Unser Vater „blühte" wieder auf und wurde

wieder ganz der „Alte".
Wenn doch bloß unsere Oma da gewesen wäre!
Nach und nach ging es ihr aber wieder besser und es hieß, dass sie bald das Krankenhaus verlassen und nach Hause kommen würde.
Auf diesen Tag freute ich mich schon riesig und konnte es kaum noch erwarten.
Ich habe ihr Zimmer sauber gemacht, ihr Bett neu bezogen und frisch gepflückte Blümchen neben ihr Bett gestellt.
Alles sollte perfekt für sie sein, wenn sie käme.

Doch die Dinge nahmen einen ganz anderen Verlauf.

Einen Tag vor ihrem Entlassungstermin machte sich unsere Mutter auf und besuchte sie im Krankenhaus.
Das war schon ungewöhnlich genug.
Sie war mit ihr alleine im Zimmer.
Und einige Zeit später, am gleichen Abend, kam die Nachricht aus dem Krankenhaus, dass unsere Oma plötzlich, vollkommen unerwartet und nicht nachvollziehbar, verstorben sei.
Wie konnte das nur sein?

Sie sollte doch am nächsten Tag wieder zu uns nach Hause kommen!
Wie vor den Kopf gestoßen, saß ich nun weinend in ihrem Zimmer, in dem ich doch schon so sorgfältig alles für ihre Rückkehr vorbereitet hatte.
Es war so unfassbar für mich aber auch unheimlich.
In mir kam ganz leise schleichend ein böser Verdacht auf.
Ob wohl unsere Mutter etwas mit ihrem Tod zu tun haben könnte?
Es gibt natürlich keinerlei Beweise für meine dunkle Ahnung, aber etwas seltsam finde ich die Situation schon.
Und zuzutrauen wäre es ihr durchaus; so wie wir sie kannten.
Plötzlich verstirbt meine Oma, nachdem sie von unserer Mutter besucht wurde.
Die erzielte durch den Tod ausschließlich Vorteile.
Sie war von nun an die Hausherrin und musste sich in Nichts mehr von unserer Großmutter reinreden lassen.
Beide Elternteile konnten nun schalten und walten, wie sie wollten.
Alles gehörte von jetzt an ihnen.
Ein Schelm (Schuft), wer böses dabei denkt.

Die Ärzte aus dem Krankenhaus machten es sich zusätzlich noch sehr einfach, indem sie den Tod unserer Oma auf ihr fortgeschrittenes Alter schoben.
Welche Informationen unsere Eltern noch aus dem Krankenhaus erhielten, weiß ich nicht.
Die tatsächliche Todesursache wurde uns von den Eltern nie mitgeteilt.
So kommt es, dass ich bis heute einen schlimmen Verdacht hege...

Wie früher üblich, wurde der Leichnam eines Verstorbenen in einem Zimmer des Hauses aufgebahrt.
In unserem Fall war dies aus Platzgründen und nicht zuletzt der katastrophalen Verhältnissen im Haus wegen, die Küche. Das war der Einzige, im Vergleich, gerade noch „vorzeigbare" Raum.
Drei Tage und drei Nächte lag meine Oma nun hier und es wurde jeden Tag unerträglicher für mich, sie dort so liegen zu sehen. Blass, leblos, still.
Einfach tot.
Wenn Dorfbewohner kamen, um sich von meiner Oma zu verabschieden, zeigten unsere Eltern immer sehr große Trauer und Bestürzung. Man konnte dann annehmen,

dass es ihnen wirklich sehr nahe ging. Sie ließen für alle sichtbar sogar die eine oder andere Träne fließen.
Waren sie jedoch alleine, war von ihrer tiefen Trauer nichts mehr zu spüren oder zu sehen.
Mit meinen mittlerweile dreizehn Jahren hatte ich im Laufe der Zeit unsere Eltern durchschaut und empfand weder Liebe noch Hass für sie.
Ich empfand gar nichts mehr für die Beiden. Sie waren mir gefühlsmäßig einfach egal geworden.

Es machte mir auch nichts aus, das Leichenwasser meiner Oma, welches bereits durch den Sarg auf unseren Küchenboden tropfte und dort schon eine kleine Pfütze bildete, wegzuwischen. Meine Mutter sah diese Pfütze sehr wohl auch (sie war ja nicht zu übersehen), machte aber natürlich keinerlei Anstalten, sie zu beseitigen.
Ehrlich gesagt, ich hätte es auch gar nicht zu gelassen.
Wenn dies das Letzte war, was ich für meine geliebte Oma tun konnte, dann tat ich das unheimlich gerne für sie.

Ich werde den Anblick meiner aufgebahrten

Großmutter Maria mein ganzes Leben lang nie vergessen.

Von nun an standen Psychoterror und Gewalt wieder an der Tagesordnung.

Die kurze Zeit, in der unser Vater sich zusammenreißen musste, war jetzt leider vorbei.
Jetzt konnte er alles nachholen und wieder er selbst sein. Immer aufs Neue verprügelte er meinen Bruder und mich auf das Übelste.
Gründe brauchte er wieder nicht!
Das war weiterhin völlig unerheblich.
Eines Tages tat er es so sehr, dass er mir sogar mit einem Faustschlag ins Gesicht, meine vorderen vier Schneidezähne ausschlug.
Nun hatte ich oben keine Zähne mehr!
Notgedrungen musste unsere Mutter mit mir zum Zahnarzt fahren.
Offiziell war ich natürlich mit meinem Fahrrad gestürzt.
Mit meinem Fahrrad!
Dass ich nicht lache.
Ich besaß nicht einmal eines.
Nachdem ein Abdruck meines Oberkiefers gemacht wurde, bekam ich, so wie es üblich

ist, eine provisorische Zahnprothese. Diese sollte ich solange tragen, bis meine neuen künstlichen Zähne fertiggestellt waren.
Nach einigen Wochen erlaubte ich mir schließlich nachzufragen, wann ich denn nun endlich meine neuen Zähne bekommen würde.
Erneut geschockt musste ich dann von meiner Mutter hören, dass mein Provisorium doch völlig ausreichend sei und eine weitere Behandlung überhaupt nicht in Frage käme oder sogar geplant sei.
Ich war vollkommen fassungslos und bestürzt.
„Mit diesem Teilstück soll ich nun mein Leben lang zurechtkommen? Das kann doch nicht ihr Ernst sein", dachte ich mir.
Ich bin so froh darüber, dass ich einige Zeit später solch heftige Zahnschmerzen bekam, da sich, bedingt durch den notdürftigen Zahnersatz, mein Oberkiefer erheblich entzündet hatte und wir erneut zum Zahnarzt mussten. Uwes Frau
(ihr und meinem Bruder hatte man die Version von einem Treppensturz erzählt), fuhr uns dort hin.

Wenn man bedenkt, dass der Weg zur

Toilette über eine unbeleuchtete Kellertreppe führte, war diese Geschichte gar nicht so abwegig. Und da ich wusste, dass Uwe mich unter allen Umständen verteidigen würde, versicherte ich ihm glaubhaft, dass ich tatsächlich die Treppe hinunter gestürzt sei. Ich wollte mit dieser Lüge einfach Schlimmeres verhindern. Die Beiden, er und mein Vater, hätten sich geprügelt und ich wollte keinesfalls, dass sich Uwe unbedacht in Schwierigkeiten bringen würde. Uwes Hass auf unseren Vater war mittlerweile so groß, dass ich nicht dafür garantieren konnte, dass es nicht einen Toten gegeben hätte.
Ich sage das nicht nur einfach so daher. Das wäre tatsächlich zu befürchten gewesen. Mein Bruder und ich standen uns sehr nah, und er hätte ohne jeden Zweifel wirklich alles für seine kleine Schwester getan.

Mit äußerstem Widerwillen fuhr meine Mutter, total davon genervt, nun doch noch mit mir erneut zum Zahnarzt. Uwes Frau bestand darauf und hätte meine Mutter nicht zu gestimmt, wäre vielleicht doch ein Verdacht entstanden und meine Schwägerin hätte an dem angeblichen Sturz zweifeln können.

Sie wartete draußen im Auto, während der Zahnarzt mich behandelte.
Dieser stand nur kopfschüttelnd vor meiner Mutter und mir.
Vorwurfsvoll fragte er sie, warum sie die vereinbarten Termine nicht wahrgenommen hatte, da meine neuen Zähne schon längst fertig wären und zum Einsetzen, seit ewiger Zeit, schon in seiner Praxis liegen würden.
Sie könne doch ihr Kind nicht so herumlaufen lassen, waren die Worte des Arztes.
„ Die will ja nicht. Wenn sie jetzt nicht solche Schmerzen bekommen hätte, wären wir bis heute nicht hier", antwortete ihm meine Mutter.
Natürlich war ich also wieder Schuld an dem Versäumten.
Wie immer!
Meine „vorbildlichen" Eltern traf mal wieder keinerlei Verantwortung.
Diese Lügner und Heuchler!
Ich traute mich selbstverständlich nicht den wahren Sachverhalt klar zustellen, wusste ich doch nur zu genau, was dann mit mir passieren würde.
Die Schläge konnte ich förmlich schon spüren.
Also schwieg ich, wie immer, und war einfach

nur froh, dass mir jetzt geholfen wurde und mir wenigsten die Schmerzen genommen wurden.
Mit dem Einsetzen meiner neuen Zähne mussten wir allerdings noch solange warten, bis die Schwellung, bedingt durch die starke Entzündung, abgeklungen war.
Brav nahm ich täglich meine Antibiotika ein, damit sich der Zustand meines Kiefers normalisierte und ich endlich meine neuen Zähne bekommen konnte.
Und tatsächlich, nach etwa zwei Wochen, wurden mir meine neuen Schneidezähne eingesetzt.

Mittlerweile war es Sommer geworden und auf unseren Obstbäumen wuchsen nach und nach die verschiedensten Obstsorten heran.
Diese Früchte waren nun mein Hauptnahrungsmittel.
Daran konnte ich mich endlich wieder so richtig satt essen.
In dieser Zeit verspürte ich nur selten ein Hungergefühl.
Sicherlich hätte ich gerne mal, so wie die anderen Kinder auch, eine Pizza oder anderes Leckeres gegessen, aber ich freute mich schon über die reichlich vorhandenen Früchte

und begnügte mich zwangsläufig auch damit. Im Grunde gar kein Problem für mich. Und meine neuen Zähne ermöglichten es mir mittlerweile, auch ohne Schwierigkeiten kräftig in einen Apfel oder eine Birne zu beißen.
Herrlich!

Doch das Bild von einer sorgenfreien Zeit trügt allerdings.
Der nächste Übergriff unseres Vaters ließ nicht lange auf sich warten.

Uwe, der vier Jahre älter ist als ich, war inzwischen achtzehn Jahre alt, schon ausgezogen und bereits verheiratet.
Auch Nachwuchs war schon unterwegs.
Also lebte nur noch ich mit unseren Eltern zusammen, was bedeutete, dass ich von nun an ganz alleine auf mich gestellt war. Nach Schulschluss verrichtete ich die mir aufgetragenen Arbeiten und versuchte, bei meinen Eltern so wenig wie möglich aufzufallen. Innerhalb der Woche blieb mir leider keine Zeit, mich mit meiner Freundin Sonja zu treffen. Da begrenzte sich unser Zusammensein allein auf die Pausen in der Schule. So blieben mir nur die Wochenenden,

natürlich erst nach getaner Arbeit, um mich mit ihr zu treffen. Alle Hausarbeiten und auch diverse Stallarbeiten musste ich erst komplett erledigt haben, bevor mir unsere Eltern etwas Freizeit erlaubten.

Diese wenige freie Zeit verbrachte ich dann so gerne mit Sonja.
Aber natürlich nicht bei mir zu Hause.
Unsere Wohnsituation war für jeden Fremden einfach unzumutbar und ich schämte deshalb viel zu sehr dafür. Dazu kam das tägliche Verhalten meiner Eltern.
Meine Mutter war total ungepflegt und stank einfach.
Mein Vater seinerseits stierte mich dauernd an und zog mich mit seinen Blicken förmlich aus.
Was, wenn er meine Freundin auch so anglotzen würde?
Was würde sie dann von mir denken?
Würde sie sich von mir abwenden?
Die Gefahr war mir einfach zu groß.
Also trafen wir uns bei ihr oder an unserem Lieblingsplatz im Dorf.

Wir beide Mädchen gingen also an einem Sonntag durch unser Dorf und blödelten

herum. So, wie man das in diesem Alter eben manchmal so macht. Wir kicherten und alberten herum, wie es Teenager in diesem pubertären Alter eben tun. Wir dachten uns auch nichts dabei, als wir uns eine Handvoll Pflaumen von einem Ast, der über einen Gartenzaun auf den Gehweg hing, abpflückten.
Hatte ich doch zu Hause selbst genügend davon. Und Sonja litt sowieso keinen Hunger. Es war einfach nur eine unbedachte Handlung von uns, die mich später noch sehr teuer zu stehen kommen sollte.
Dass uns ein Dorfbewohner bei diesem „Diebstahl" beobachtete, hatte keine von uns bemerkt.
Viel zu sehr waren wir mit Lachen und Fröhlichsein beschäftigt. Diese unbeschwerten Stunden genoss ich ganz besonders, gab es doch sonst zu Hause absolut nichts zu Lachen.
Auch auf die Uhrzeit mussten wir nicht achten, denn es waren wieder Ferien. Also verabschiedeten wir uns erst voneinander, als es schon langsam dunkel wurde.
Das stellte für mich absolut kein Problem dar, denn meine Eltern waren froh, wenn ich nicht zu Hause war.

Vorausgesetzt, wie gesagt, dass ich alle Arbeiten vorher verrichtet hatte.
Es war ihnen egal, wann ich nach Hause kam. Nur leise musste ich sein.
Aber das war ich, um bloß nicht aufzufallen, ohnehin schon immer.
Die Eltern meiner Freundin waren sehr nett und ließen ihr sehr viele Freiheiten. Sie liebten ihre Tochter und freuten sich mit ihr, wenn sie ihre Ferien genoss und Zeit mit ihrer Freundin, also mir, verbrachte.

So vergingen einige Tage, und ich freute mich schon wieder sehr auf den nächsten Sonntag.

Doch daraus wurde nichts.

Wie immer, wenn es zwanzig vor fünf war, forderte meine Mutter mich auf, Ausschau nach meinem Vater zu halten. Das war die Zeit, in der er von seiner Arbeit nach Hause kam, wenn er nicht gerade für mehrere Tage mit seinem Lkw unterwegs war. Vom Küchenfenster aus hatte man einen guten Blick auf unsere Einfahrt und so konnte ich meinen Vater gut beobachten.
An seinen Schritten und seiner Mimik konnte

ich auf der Stelle erkennen, dass es heute wieder Ärger geben würde. Es war ganz offensichtlich, dass er wieder einmal nicht gut gelaunt war. Das konnte ich meiner Mutter nur durch ein betrübtes Kopfschütteln signalisieren, bevor ich mich zu ihm auf den Weg machte.
Um zu versuchen, ihn zu besänftigen, wollte ich ihm entgegen laufen, um ihn lieb und herzlich zu begrüßen.
So weit kam ich erst gar nicht.

Es war immer schon von unserer Mutter angeordnet, unserem Vater entgegen zu laufen, um zu schauen, wie er gelaunt war. Diese Aufgabe musste erst ich, später dann Sabine erledigen.
So bekam nicht die „Alte", sondern wir die erste Prügel ab.

Raffiniert von ihr und gut durchdacht.

Und so ging ihr Plan an diesem Tag auch wieder auf.
Wie schon gesagt, ich schaffte es gar nicht erst, ihm entgegen zu laufen.
In der geöffneten Haustür stand er mir schon gegenüber und verpasste mir einen solch

heftigen Schlag, dass ich mit voller Wucht gegen die Flurgarderobe prallte.
Damit aber noch lange nicht genug, packte er mich an meinen Haaren und schleifte mich an ihnen quer durch die ganze Küche bis in das angrenzende „Esszimmer".
Dabei riss er mir laufend büschelweise Haare aus, sodass er immer wieder nachgreifen musste.
Im „Esszimmer" angekommen, prügelte er wie besessen weiter auf mich ein. Mein Bitten und Betteln damit aufzuhören, ignorierte er einfach.
Ich versuchte auf dem Boden, rückwärts robbend, seinen Schlägen und heftigen Tritten auszuweichen und kam dadurch immer wieder mit meinen Händen in mein Blut, das schon reichlich auf dem ganzen Teppich verteilt war.
„Bitte Papa, hör doch auf.
Bitte nicht meine Zähne", flehte ich ihn immer wieder an.
Aber er machte immer weiter, ohne Unterlass.

Unsere Mutter hatte bereits die Küche verlassen.
Aber nicht um Hilfe zu holen!

Sie wollte einfach nur nicht dabei sein.

Wieder zurück in die Küche geprügelt, blieb ich vor der Spüle liegen. Es bildete sich rasch eine große Blutlache unter mir.

Ich war schon halb ohnmächtig und viel zu erschöpft, um noch weiter seinen Attacken ausweichen zu können. Ich musste alles hilflos mit mir geschehen lassen.
In diesen Momenten hoffte man einfach nur, dass es endlich vorbei sein würde.
Ob man es überlebt oder stirbt, ist Einem in diesem Augenblick vollkommen egal.
Nur, dass es endlich vorbei ist!
Plötzlich, wie jedes Mal, hörte er schlagartig mit seiner Prügelei auf. Doch dieses Mal brüllte er mich lauthals an: „Wenn ich wieder rein komme, ist das Blut weggewischt. Sonst kommt noch mehr dazu." Dann drehte er sich um und ging hinaus.
Verzweifelt heulend und zitternd am ganzen Körper lag ich auf dem Küchenboden und versuchte mit meiner aller letzten Kraft aufzustehen. Mein gesamter Leib schmerzte und ich blutete überall.
Ich wusste aber nicht, wann er wieder zurückkommen würde und versuchte sofort

völlig benommen, so gut es ging, auf den Knien kauernd mein Blut aufzuwischen. Dabei tropfte immer weiterneues Blut vom Kopf und aus der Nase vor mir auf den Küchenboden.

Halb ohnmächtig, Blut, Schmerzen, Tränen, Saubermachen!
Wie ist es mir schließlich nur gelungen?

Viel schwieriger und im Endeffekt völlig unmöglich, war es noch, meine Blutflecke aus dem Teppich im „Esszimmer" zu schrubben. Es gelang mir bei diesem Filz-Belag natürlich nicht wirklich.
Ich nahm dann mehrere Teppichbrücken, die im ganzen Haus verteilt waren, und legte sie auf die größten Blutflecke, sodass wenigstens diese verdeckt waren.
Danach schleppte ich mich die Treppen hinauf in mein Zimmer und legte mich, so wie ich war, auf mein Bett und verlor endlich mein Bewusstsein.
Ich hatte jegliches Zeitgefühl verloren, doch es muss wohl am Sonntagnachmittag gewesen sein, als ganz plötzlich, mit einem Ruck, die Tür zu meinem Zimmer aufgestoßen wurde. Mein ganzes Gesicht

war, durch die festen und mit all seiner Kraft geführten Schläge meines Vaters, total verbeult. Meine Augen völlig zugeschwollen. Mitleid kannte er nicht!
Ich konnte tatsächlich kaum noch etwas sehen.
Dennoch erkannte ich ihn, meinen Vater, sofort.

Er stand in der Tür, schaute mich eine Weile an und sagte in einem ruhigem, aber sehr bestimmenden Ton: „ Und? Geht's Dir jetzt besser!?"
Im gleichen Moment drehte er sich schon wieder um und ging hinaus, ohne auf eine Antwort von mir zu warten.

Ich hatte solche Angst.
Und wieder musste ich weinen. Ganz leise. Damit mich meine Eltern bloß nicht hören konnten.

Wieder zitterte ich am ganzen Körper. Aus Angst aber auch wegen den höllischen Schmerzen.

Ohnmacht und Wachsein wechselten sich ab, und ich wusste nicht mehr, ob es Tag oder

Nacht war.
Bis mein Wecker früh am Montagmorgen wieder klingelte und ich aufstehen musste. Ich konnte mich nicht erinnern, dass ich ihn überhaupt gestellt hatte.
Ich quälte mich, so gut es ging, ganz langsam und vorsichtig, wie in Zeitlupe, aus meinem Bett und versuchte so gut es ging, trotz der extremen Schmerzen, mich für die Schule fertig zu machen.
Heute war ein ganz wichtiger Tag. Die große Schularbeit, für die uns unsere Lehrerin extra die Ferienzeit zur Vorbereitung ließ, musste heute geschrieben werden.

Der Weg zur Bushaltestelle kam mir wie eine Ewigkeit vor. Mein ganzer Körper war blutunterlaufen, jede Bewegung war kaum zu ertragen und mein Kopf drohte zu zerplatzen. Es war die Hölle!
Aufgrund meines Aussehens, war ich der „Hingucker" auf der gesamten Bus–und Zugfahrt. Es war mir so peinlich, und ich schämte mich fürchterlich.
Aber alle Nachfragen meiner Mitschüler, bezüglich meines Aussehens, ignorierte ich einfach und antwortete nicht. Ich hoffte nur inständig, dass dieser Tag ganz schnell vorbei

ginge, und ich wieder zurück in mein Bett konnte.
Immer wieder fragten mich die Schulkameraden, und auch die Lehrer, was denn mit mir passiert sei. Als die Fragerei kein Ende nahm, wusste ich mir damals nicht anders zu helfen, als schließlich zu lügen, damit die Quälerei irgendwann endlich aufhört.
Ich erzählte dann jedem, dass ich die Treppe im Haus hinunter gestürzt sei.
Alleine schon das Sprechen bereitete mir große Mühe und man musste ganz genau hinhören, um mich überhaupt verstehen zu können.

Wie so oft musste die Kellertreppe als Sündenbock herhalten.

Die meisten Kinder glaubten mir diesen Sturz, aber meine Klassenlehrerin ließ einfach nicht locker und nach langem Zögern, erzählte ich ihr schließlich die ganze Wahrheit. Allerdings nur unter der Bedingung, dass sie niemandem etwas von dem wahren Grund erzählen durfte.
Sie bot mir sofort ihre Hilfe an. Doch sie hätte gegen meinen Vater definitiv nichts

ausrichten können.
Am Ende hätte er sich nur erneut wieder mit irgendeiner plausiblen Erklärung herausgeredet.
Und dann???
Es wäre mein Todesurteil gewesen.
Dessen war ich mir sicher!
Und vielleicht, eventuell, auch das meiner Lehrerin.
Ich meine das todernst!
Ich traute ihm mittlerweile alles zu.

Sie weinte bitterlich, als sie die wahre Geschichte hörte.
Kopfschüttelnd und mit tränenunterlaufenen Augen, erlaubte sie mir an der Klassenarbeit teilzunehmen. Ich musste ihr allerdings versprechen, danach sofort zu einem Arzt zu gehen und mich untersuchen und versorgen zu lassen.

Die Klassenarbeit, versuchte ich mit all meiner verbliebenen Kraft zu bearbeiten, musste dann aber doch schnell feststellen, dass es mir von Minute zu Minute immer schlechter ging.
Das bemerkte auch meine Lehrerin und schickte mich mittendrin sofort nach Hause.

Ein Taxi, das sie mir bestellt hatte, ließ ich aus Angst vor meinen Eltern einfach stehen.
Mit einer Taxe nach Hause!?
Diesen unweigerlich erneuten Ärger wollte ich mir ganz einfach ersparen und nahm, wie schon bei der Hinfahrt, wieder Bus und Bahn.
Die Fahrt wollte kein Ende nehmen und es ging mir zusehends von Minute zu Minute schlechter. Ich konnte es nicht erwarten, endlich zu Hause anzukommen, um mich in mein Bett legen zu können.
„Nur noch die paar Meter bis zur Haustür."
Das war vorerst mein letzter Gedanke.
Von da ab weiß ich nichts mehr.
Ich erwachte erst geschlagene vier Tage später wieder aus meiner Ohnmacht.
In einem Krankenhaus.
Wobei ich bis heute absolut nicht die geringste Ahnung darüber habe, wie ich dorthin gekommen bin.
Ich muss wohl höchstwahrscheinlich kurz vor dem Erreichen unserer Einfahrt zusammen gebrochen sein.
Wer mich dort fand und für den Krankenhaustransport sorgte, habe ich bis heute nicht in Erfahrung bringen können.
Niemand hat es mir je erzählt.

Nur, dass es meine Mutter nicht gewesen sein konnte, das weiß ich genau.
Sie war zu diesem Zeitpunkt nämlich wieder im Dorf zum Tratschen unterwegs.

Ich musste für mehrere Wochen im Krankenhaus das Bett hüten, bevor ich überhaupt in der Lage war, auch nur aufstehen zu können.
So schlimm hatte mich mein Vater zugerichtet!
Mehrere Rippenbrüche, Hämatome am ganzen Leib, mehrere Knochenbrüche an Armen und Beinen, zahlreiche Platzwunden und eine Gehirnerschütterung wurden diagnostiziert. Dazu kam, dass er mir mein Nasenbein dreifach gebrochen hatte.

Und damit hatte ich es noch bis zur Schule geschafft!
Eigentlich unmöglich.
Ich war ganz bestimmt nicht mehr bei klarem Bewusstsein und mein Körper hatte ohne mein Dazutun auf „Notzustand" geschaltet.
Anders ist das nicht zu erklären.

Da mir die Ärzte meine Version von einem Treppensturz natürlich nicht glaubten und die

Ursache meiner Verletzungen genau einschätzen konnten, bestand für sie überhaupt kein Zweifel daran, dass es sich hierbei um eine schwere Misshandlung durch einen dritten handelte und rieten mir dringend und nachdrücklich zu einer Strafanzeige gegen den Täter.
Aber ich habe niemals über den Täter geredet und schon gar nicht, dass es mein eigener Vater war und blieb bei meiner Version.
Aus allergrößter Angst vor ihm, erstattete ich natürlich auch keine Anzeige gegen ihn. Denn das hätte ich nicht „umsonst" getan, dessen war ich mir hundertprozentig sicher.

„Tausendprozentig!"

„Ich gehe nicht wegen Verprügeln ins Gefängnis, wenn schon, dann wegen Mord", diese Worte von ihm, die er irgendwann mal fallen ließ, werde ich nie vergessen.

Diesen Satz sagte er aber nicht nur einmal und zeigt ganz klar, dass sich der „Alte" seiner Taten voll bewusst war. Er handelte also nicht in einer Art von geistiger Umnachtung.

Oder etwa doch?
Damit demonstrierte er, wer hier nicht nur das Sagen hatte, sondern insbesondere, wer hier der unbeschränkte Herrscher war.
Wer hier die Macht hatte.
Letztendlich Herr über Leben und Tod war.

Zwischenzeitlich war mein Vater wieder mit seinem Lkw unterwegs und rief jeden Abend, zur Kontrolle, bei uns zu Hause an. Beim Erfragen der Neuigkeiten, erzählte ihm irgendwann unsere Mutter auch von meinem Krankenhausaufenthalt.
„Was macht Die denn im Krankenhaus? Spinnt Die?", sagte er ganz entrüstet und fragte, so wie es auch seine Art war, nicht weiter nach.
Erledigt!

Als ich nach mehreren Wochen Krankenhausaufenthalt endlich entlassen werden konnte, holte mich mein Bruder Uwe ab und nahm mich mit zu sich.
Ich war so froh darüber.
Erstens, weil mich nicht die Eltern abholten und
zweitens, dass ich nicht nach Hause musste.
Am liebsten wäre ich für immer bei ihm und

seiner Frau geblieben. Die Beiden hätten im Grunde auch nichts dagegen gehabt, doch unsere Eltern bestanden darauf, dass ich bald wieder Heim musste.
Nach ungefähr einer Woche brachte mich Uwe dann notgedrungen wieder nach Hause. Voller Angst, graute es mir schon vor unserem Vater. An die kommende Begegnung mit ihm wollte ich gar nicht erst denken.
Der Gedanke, dieses Haus wieder betreten zu müssen und mich in den Räumlichkeiten aufzuhalten, in denen ich so viel Leid und Schmerz erfuhr, machte mir wahnsinnige, panische Angst.
Aber mir blieb ja einmal mehr keine andere Wahl. Auch Uwe tat diese Tatsache sehr weh.

Obwohl er ja gar nicht wusste, was wirklich geschah. Aber er muss die Wahrheit wohl geahnt haben. Er war schließlich nicht blöd! So blieb ihm auch nichts anderes übrig, als mich zu beruhigen und diesmal aber bei mir blieb, bis unser Vater von seiner Arbeit nach Hause kam.
Das machte er sonst nie!
Für kein Geld der Welt wollte er ihm begegnen.

Der „Alte" stierte mich unentwegt nur vorwurfsvoll an.
Er machte mit seinem Blick kein Hehl daraus, was er für mich empfand.
Blanke Verachtung!

Nach ein paar Minuten stand mein Bruder auf, ging ganz dicht zu unserem Vater heran, sah ihm hasserfüllt in seine Augen und dann sagte er die Worte: „Trau Dich nicht noch einmal gegen meine Schwester Deine Hand zu heben, sonst schlag ich Dich tot."

Alle wussten, das war purer Ernst!
Und tatsächlich rührte mein Vater mich, wenn aber auch nur für eine kurze Zeit, erst einmal nicht mehr an.

Grund für diesen brutalen Übergriff auf mich, waren die Pflaumen, die Sonja und ich an diesem Sonntag von dem Ast über dem Gartenzaun pflückten.

Unser Vater hatte die Angewohnheit, wenn er wieder mal wie besessen auf seine Kinder einschlug, zu schreien und einen auf das Übelste zu beleidigen. In diesem Fall schrie er immer wieder, dass er keine Verbrecher

großziehe und dass er mir diese Klauerei schon austreiben würde. Lieber schlüge er mich auf der Stelle tot, als dass die Leute schlecht über uns redeten.
Auf seiner Arbeitsstelle wurde ihm wohl von einem anderen Dorfbewohner, ich glaube nicht einmal in böser Absicht, von meinen „Obstklau" erzählt.

Diese Unterhaltung teilte er mir rhythmisch mit. Mit jedem Schlag und mit jedem Tritt schrie er ein Wort. „ Du dreckige Sau, Dir werde ich es zeigen. Klauen, wo gibt's denn sowas. Trau Dich nicht, und mach das noch einmal. Ich Schlag Dich kaputt. Verrecken sollst Du, Du hirnamputierte dreckige Sau."

Das waren seine Worte, die jeden Schlag und jeden Tritt von ihm, lauthals brüllend begleiteten.
Zählen sie mit!

Und das alles für eine Hand voll Pflaumen!

Kapitel 6

Mein Traum von meinem Geschwisterchen

Ich erinnere mich noch sehr gut an die Zeit, als meine Mutter erneut schwanger wurde. Mit Sabine.
Sie war schon Mitte vierzig, ich jetzt fast vierzehn Jahre alt.
Schon seit langer Zeit habe ich mir so sehr ein Geschwisterchen gewünscht.
Nun sollte sich endlich mein Traum von einem kleinen Bruder oder Schwesterchen erfüllen.
Endlich jemanden, den ich lieb haben könnte und der auch mich lieb haben würde.
Ich bildete mir zusätzlich ein, dass ein Bruder oder eine Schwester mir bei der harten Arbeit, die natürlich weiterhin selbstverständlich von mir verlangt werden würde, zur Hand gehen könnte. Dann bräuchte ich nicht mehr alles alleine machen, denn ein Ende dieser Situation war nicht in Sicht, eher ausgeschlossen. Immer, wenn ich wieder völlig erschöpft, von Arbeit und Schule war, sagte meine Mutter nur: „ Stell

dich bloß nicht so an!"
Das war alles.
Dass mein großer Traum in Erfüllung gehen würde, habe ich aber nur ganz nebenbei erfahren. Es wurde in keinster Weise thematisiert.
Aber die „Alte", meine Mutter, wurde jetzt noch fauler, als sie ohnehin schon war.
Ich habe sie praktisch nur noch schlafend oder dösend, den Kopf in den Hände haltend, aufgestützt oder liegend, am Küchentisch auf einem Stuhl sitzend, gesehen. Manchmal aber saß sie auch auf dem Sessel unseres Vaters, seinem Heiligtum, nur für ihn bestimmt.
Alles natürlich nur, wenn er nicht daheim war.
Er sollte sie doch nicht sehen, so vor sich hingammelnd.
Oft genug ohrfeigte er sie oder schlug mit der Faust in ihr Gesicht. Er verprügelte auch sie regelmäßig.
Warum?
Das weiß niemand.
Auf ihre Schwangerschaft jedenfalls, nahm er nicht die geringste Rücksicht.
Rücksicht oder etwa Mitleid waren anscheinend Fremdwörter für ihn.

Er kannte sie nicht.
Wenn er von der Arbeit nach Hause kam, flogen nicht selten Glas und Geschirr klirrend durch die Küche und die „Alte" saß tagelang mit geschwollenem Gesicht und dicker Lippe herum.
Manchmal fing sie sich Eine einfach im Vorbeigehen ein, wenn sie auch nur ein „komisches" Geräusch von sich gab.
Seine Art zu zeigen, wer hier der Herr im Hause ist.
Ich musste dann, selbstverständlich unaufgefordert, alles wieder aufräumen und säubern. Niemals wäre ich nur auf den Gedanken gekommen, auch nur so zu tun, als würde ich den Krach in der Küche nicht hören und darauf nicht reagieren. Ich wäre sofort, ohne zu zögern, ein weiteres, „dankbares" Prügelopfer geworden.
Wie so oft!
Da meine Mutter in dieser Zeit außer Dösen und Schlafen gar nichts mehr in Haus und Hof machte, hatte ich nun noch mehr Arbeit als ohnehin schon zu bewältigen. Alles, wirklich alles, musste ich jetzt alleine machen. Ich war komplett zuständig für alle anfallenden Aufgaben. Sei es im Stall und Hof, vom Ausmisten bis zum Füttern oder im

Haus, vom Saubermachen bis zum Bettenmachen oder Beziehen, Wischen, Staubsaugen usw...
Einfach alles.

Wenn ich hier nur von körperlicher Anstrengung berichten würde, wäre alleine schon dieser Begriff maßlos untertrieben. Oft arbeitete ich bis hin zur totalen Erschöpfung. Dass man auf dem Lande auch als Kind schon in Haus und Hof mit anpackt war, zumindest in der damaligen Zeit, noch völlig normal. Bei mir aber wurden sämtliche Grenzen überschritten.

Meine Mutter wollte diese Schwangerschaft nicht. Immer wieder sagte sie das. „Hoffentlich verreckt es", oder: „ Ich werde es gleich in die Brennnesseln am Misthaufen schmeißen".
Im Geiste höre ich diese Worte immer noch. Wenn ich dann aber erwiderte, sie solle doch sowas schreckliches nicht sagen, hörte ich von ihr als Antwort nur: „ Wärst Du doch bloß auch verreckt."

Warum ich plötzlich so mutig war und woher auch immer dieser Mut kam, ließ ich diesen

Satz von ihr dieses Mal nicht einfach so im Raum stehen, sondern gab ihr eine ernst gemeinte Antwort
„ Bin ich froh, dass ich nicht so bin wie Du", sagte ich doch tatsächlich zu ihr.
Und dann musste ich auch schon flüchten.
Blitzschnell, was man bei ihrem sonstigen Phlegma gar nicht von ihr kannte, drehte sie sich, auf dem Küchenstuhl sitzend um, riss die Besteckschublade auf, griff nach einem Messer und warf es, ohne zu zögern nach mir.
Ich schaffte es gerade noch, hinter der Küchentür zu verschwinden, als sich das Messer, wie ein Pfeil, tief in das Türblatt bohrte und darin stecken blieb.
Auch dieses Geräusch werde ich niemals vergessen.

Man muss sich einmal vorstellen, die eigene Mutter wirft mit voller Wucht gezielt ein Messer auf ihre Tochter.
Nicht auszudenken, was passiert wäre, hätte sie auch noch getroffen.

Ihre Äußerung war absolut ernst gemeint. Das wusste ich, auch mit fast vierzehn Jahren, oder gerade deshalb. Ich war jetzt alt

genug und wusste, zu was allem sie fähig war.
So sagte ich mir, dass ich das Schlimmste verhindern müsste.
Das Einzige, was ich aber tun konnte, war, alle anstehenden Arbeiten zu erledigen.
Soviel und so gut ich nur konnte.
Die Mutter sollte sich nur noch schonen und ausruhen.
Von weiß der Kuckuck was!
Denn auf gar keinen Fall durfte dem ungeborenen Baby in ihrem Bauch etwas geschehen!
Die „Alte" aber sagte uns später selbst (und das nicht nur einmal), dass sie ständig versucht hätte, bei sich selbst abzutreiben.
Bis zum sechsten Monat.
Nur der liebe Gott weiß, warum ihr das nicht gelang.

Hatte sie mit Abtreibungen doch umfangreiche Erfahrungen und Kenntnisse gesammelt.

Dass sie ihr Vorhaben letztendlich aufgab, lag aber sicher nicht an irgendeiner Art von Einsicht oder Reue.
Schon gar nicht an einer plötzlichen

Vorfreude auf kommendes Mutterglück, praktisch einem Gesinnungswandel Vielmehr war jetzt die Schwangerschaft so weit fortgeschritten, dass sie Angst um ihr eigens Leben hatte. Das Risiko, dass sie selbst verrecken (so wie sie es nannte) könnte, war in den letzten zwei bis drei Monaten einfach viel zu hoch für sie.
Denn selbst ums Leben kommen, dass wollte sie auf gar keinen Fall.
Das Leben ihrer Kinder aber, das interessierte sie einen feuchten Kehricht.
Nein, wir waren wirklich nicht gewollt!

Meine Mutter indes, klagte jetzt noch mehr als schon gewöhnlich über ihren ach so schlechten Gesundheitszustand. Ihr Herz, es geht ihr so schlecht, sie halte es nicht mehr aus.
Sie jammerte den ganzen Tag. Von morgens bis abends.
Jeden Tag.
Diese Schwangerschaft würde sie nicht überleben.
Selbstmitleid, auch ohne einen Grund, das war einer ihrer unbestrittenen Stärken.
Wenn auch eine weitere negative.
Darin war sie unerreicht!

Um ihr alles so gut wie möglich zu machen, betreute ich sie, neben der ganzen übrigen Arbeit, wie eine schwer kranke Patientin. Wie um einen Pflegefall, kümmerte ich mich um sie.
Ich sorgte auch dafür, dass sie regelmäßig irgendwelche Tabletten nahm und legte ihr ständig nasse Waschlappen auf ihre Stirn. Fenster auf, Fenster zu, Rollladen hoch, Rollladen runter... und, und, und.

Um die Hausaufgaben kümmerten sich unsere Eltern grundsätzlich nicht. Auch da waren wir auf uns alleine gestellt. Es gab keinerlei Unterstützung von ihnen. Wobei uns unser Vater, gerade in Geschichte oder Mathematik, sicherlich des Öfteren eine große Hilfe gewesen wäre. Sein Allgemeinwissen war, soweit ich das beurteilen kann, sehr umfangreich. Aber ihn nach etwas zu fragen, oder ihn gar um Hilfe zu bitten, das trauten wir uns nicht.

Weder weckten sie uns morgens auf, noch wurde für ein Pausenbrot gesorgt. Auch für unseren Stundenplan interessierten sie sich in keinster Weise. Dass wir, trotz unserer körperlichen Überlastung, jeden Morgen pünktlich in der Schule waren, lag einzig und allein an unserem eigenen Pflichtbewusstsein. Und nicht zu vergessen, dem Drang zu Lernen und damit verbunden, als wirklich willkommener Nebeneffekt, irgendwann von zu Hause weg zu kommen. Und das nicht nur jeden einzelnen Schultag, sondern auch an die Zukunft denkend. Von frühen Kindheitstagen an setzten wir alles daran, uns eine gute Schulausbildung zu schaffen, um eines Tages auf eigenen Füßen zu stehen um so schnell wie möglich, von zu Hause weg zu kommen.

Zum Lernen blieb mir, wegen der dauerhaften Betreuung unserer Mutter, tagsüber absolut keine Zeit.

Wenn ich aus der Schule kam, musste ich erst einmal alle anfallenden Arbeiten verrichten, die von unserer Mutter aus einer Mischung von Faulheit und Gleichgültigkeit, einfach nicht erledigt wurden. Alle Arbeiten im Haus, Hof und Stall mussten mit absoluter Sorgfältigkeit erledigt sein, bevor unser Vater von seiner Arbeit nach Hause kam.

Das begann mit dem Wegräumen des Geschirrs vom Küchentisch. Das stand noch vom Frühstück unseres Vaters da. Es selbst zur Spüle zu tragen war undenkbar für ihn

und einfach unter seiner Würde. Unsere Mutter erledigte nicht einmal diesen Arbeitsschritt, wusste sie doch um die Arbeitskraft ihrer Tochter. Ich spülte also erst einmal das Geschirr und begann anschließend mit den Arbeiten, die meine Mutter mir üblicher Weise auftrug oder die offensichtlich erledigt werden mussten.
Es war wie die Geschichte in einem bösen Märchen.
Erst nach dem alle Haus-und Hofarbeiten erledigt waren, hatte ich etwas Zeit für meine Schularbeiten.
Nur wenn unsere Mutter am frühen Nachmittag wieder zum Tratschen im Dorf unterwegs, also nicht im Haus war, konnte ich ungestört die Aufgaben für die Schule erledigen.
Es kam aber auch nicht selten vor, dass ich erst abends im Bett die Möglichkeit fand, für die Schule zu lernen. Insbesondere vor Klassenarbeiten oder anderen Prüfungen. Das tat ich dann mit der Taschenlampe unter der Bettdecke.
Diese Methode des Lernens hatte natürlich auch seinen Grund.
Nämlich die tägliche Angst, dass unser Vater mir wieder etwas antun könnte. Mich

grundlos aus irgendeinem völlig nichtigen oder an den Haaren herbeigezogenen Anlass verprügeln oder misshandeln würde.
Wenn er spätabends aus seiner Werkstatt, in der er, weiß der Teufel was machte, kam, hatte er oftmals die Angewohnheit, bevor er schlafen ging, nach mir in meinem Bett zu schauen. Aus Angst vor ihm, stellte ich mich dann aber immer schlafend.
Ich konnte ihn stets noch rechtzeitig hören. Die Stufen der Treppe, die hinauf zu den Schlafzimmern führte, quietschten und knarrten nämlich laut genug, sodass ich genügend Zeit hatte, Taschenlampe und Schulsachen im Bett zu verstecken, mich auf den Rücken zu legen und meine Augen zu schließen.
Vor allem aber auch, um mich zu konzentrieren.
Ich durfte auf keinen Fall mit den Augen zucken oder vor Aufregung auch nur unregelmäßig atmen.
Mein Vater leuchtete dann mit seiner Taschenlampe in mein Gesicht, schlug die Bettdecke zurück und starrte mich, gefühlt minutenlang, an.
Erst wenn er wohl glaubte, dass ich wirklich schlafen würde, verließ er wieder den Raum.

Warum er das tat, bleibt wiederum sein Geheimnis.
Im Bett konnte ich, wie früher schon in Köln, alles verstecken, was mir wichtig und klein genug war.
Wie damals schon, schaute unsere Mutter auch jetzt nie nach mir oder betrat mein Zimmer. Sie kümmerte sich weder um das Bettenmachen oder die Bettwäsche.
Auch damit hatte sie nichts am Hut.
Betten im Haus beziehen war schließlich erst die Aufgabe von mir, später von Sabine.

Die Taschenlampe hatte ich mir organisiert. Davon gab es genug im Haus. Man brauchte sie immer.
Der Keller, in dem sich die Toilette befand, hatte ja, wie schon erwähnt, kein elektrisches Licht. Aber auch Lampen, die kaputt gingen wurden erst ausgetauscht, wenn man gerade Lust dazu hatte oder es unumgänglich nötig war.
Wegen dieser Dunkelheit im Keller, ging die kleine Sabine später, auch nur mit mir an der Hand zur Toilette. Sie lernte schnell, ein Bedürfnis unterdrücken zu können. Zu unheimlich war es dort unten ohne Licht, allein, umgeben von Mäusen und Ratten.

Immer laut trampelnd, damit sich diese Viecher in ihre Verstecke verkrochen.
Immer wieder hatte ich Angst, dass mein Vater mir, bei seinen abendlichen „Besuchen" etwas antun könnte.
Heute weiß ich, dass es nicht nur die Furcht vor Schlägen war, sondern auch, irgendwie instinktiv, vor Vergewaltigung.
Aber das ist tatsächlich nie vorgekommen. Vergewaltigt hat er mich nie. Nur manchmal, wenn ich mich wieder schlafend stellte, fasste er nach meinen Brüsten.
Meine Brüste waren schon früh entwickelt und, man kann sagen, ungewöhnlich groß. Den großen Busen habe ich wohl von meiner Mutter geerbt und ich schämte mich immer sehr dafür.
Ich wollte nicht, dass mein Vater auf falsche Gedanken kommen könnte und zog mir zum Schlafen immer Sachen an, die bis zum Hals hochgeschlossen waren.

So ist es wenigstens im Bett nicht zu Übergriffen gekommen.

Dass dieser, heute würde man sagen, Fulltimejob nicht mit der Schule konform ging, versteht sich von selbst.

Das erkannte auch meine Mutter. Und sie fand eine Lösung für das Problem.

Sie ließ mich einfach immer wieder zu Hause bleiben.
Mal einen, mal zwei Tage, mal eine Woche oder auch zwei Wochen.
Ihr ging es nicht darum, dass ich natürlich völlig überfordert war mit der Doppelbelastung.
Das, da war sie sich sicher, hätte ich schon irgendwie hinbekommen, war die Schule aus ihrer Sicht doch sowieso nur nebensächlich für mich.

Nein, keine Spur.
Es ging ihr dabei, wie immer, ausschließlich nur um ihr eigenes Wohlbefinden.
Denn wer sollte sich dann sonst um sie kümmern?
Von morgens bis abends. Tag für Tag.
Tagsüber selbst für sich zu sorgen, das war jetzt in dieser Zeit, nicht ihr Ding.
Sie brauchte jemanden, der sie betüttelte, den sie herumkommandieren und dem sie die Ohren volljammern konnte.
Sie wollte voll umsorgt werden.

Nur eines war noch wichtiger für sie. Der Vater durfte davon nichts mitbekommen. Denn für ihn war es selbstverständlich, dass ich zur Schule ging. Nicht, dass er sich in irgendeiner Weise darum kümmerte. Aber das war eben völlig selbstverständlich für ihn. Und wehe, wenn nicht!

Also musste ich jeden Tag in der Früh aufstehen und alles so wie üblich machen, damit er keinen Verdacht schöpfen konnte. Weil er aber immer vor mir das Haus verließ, gab es auch keinen Grund für ihn argwöhnisch zu werden.
Kaum aber war er gegangen, ging das schon beschriebene Prozedere von vorne los. Für meine Mutter war es wichtig, dass er nichts bemerkte aber auch, dass er ihre totale Faulheit nicht mitbekam.
Wenn er da war, gab sie sich immer große Mühe, ihm zu zeigen, wie viel sie schuften müsse und wie schlecht es ihr dabei doch ging.
Nichts davon hat gestimmt.

Ein Schmierentheater!
Ihr Plan, mich von der Schule daheim zu lassen, um sie zu umsorgen, ging tatsächlich

für einige Monate auf.
Sie befand sich mittlerweile schon im letzten Drittel ihrer Schwangerschaft.
Um keinen Verdacht zu verursachen, ging ich zwischendurch immer mal wieder für ein paar Tage in die Schule, dann würde ich erneut „krank". Ihr fielen immer wieder neue Krankheiten ein, die mich angeblich heimsuchten.

Das ging so lange gut, bis dieser Zustand eines Tages aufflog.
Es kam, wie es kommen musste.

Als mein Vater eines Tages von seiner Arbeit nach Hause kam und ich, wie immer, nach ihm und seiner Laune Ausschau halten musste, erkannte ich sofort, dass dieser Tag für mich bestimmt wieder böse enden würde.
Seine Schritte, seine Mimik, oje.
Gott, wie ich das hasste!
Schon begann mein ganzer Körper vor Angst zu zittern und zu beben. Man wusste ja, was Einen jetzt erwarten würde.
Nur das Ausmaß war stets ungewiss.

Was wird heute der Grund für die Prügel sein?

Wie schwer wird es mich treffen?
Überlebe ich auch dieses Mal oder sind es meine letzten Minuten, in denen ich noch lebe?

Diese Fragen schossen einem durch den Kopf, wenn man sich auf den Weg machte, um ihn voller Respekt, zu ihm heraufschauend, und mit äußerster Lieblichkeit, zu begrüßen.

Wie ein Schaf, das zur Schlachtbank geführt wird, fühlte man sich in diesem Augenblick.
Und dann war es auch schon wieder so weit.
Schlag rechts, Schlag links.
Auch ohne nur zu ahnen warum.
Schläge mit der Faust ins Gesicht, Tritte über den ganzen Körper verteilt und dieses Gebrülle von ihm. Jeder Versuch, ihm zu entkommen, schlug fehl.
Keine Chance.
Wenn er sein Opfer erst einmal in seiner Gewalt hatte, gab es kein Entrinnen mehr.
Dieses Mal bekam ich es, im wahrsten Sinne des Wortes, auf die Ohren.
Immer wieder schlug er mir mit voller Wucht auf meine Ohren.
Immer wieder und wieder, ohne Pause, ohne

Gnade.
Ich fühlte eine warme Flüssigkeit, die mir inzwischen schon an meinem Hals herunterlief.
Und immer weiter schlug er auf mich ein.
Die Schmerzen waren wieder einmal so stark, dass mir alleine davon schon schlecht wurde.
Wie immer brüllte er rhythmisch zu den Tritten und Schlägen. Ich verstand nur einzelne Fetzen, wie: „Schulschwänzer, faule Sau, und schlag Dich tot." Dann war ich weitgehend gehörlos.

Also DAS war es!

Auch dieses Mal griff unsere Mutter natürlich nicht ein.
Ich hatte nicht den Hauch von einer Chance, mich zu rechtfertigen.
Es war doch nicht meine Idee, die Schule zu schwänzen. Ich habe schließlich nur das gemacht, was meine Mutter mir befohlen hatte.

Wäre es nicht ihre Aufgabe gewesen, sich schützend vor mich zu stellen und spätestens jetzt Klarheit zu schaffen?
Hätte sie nicht, spätestens jetzt, die Wahrheit

sagen müssen?
Ja, das hätte sie.
Aber sie tat es nicht.
Sie ließ es lieber zu, dass ihre Tochter, die täglich alles für sie tat, wieder einmal halbtot geprügelt wurde.
Wie immer.
Ich kann ihr das bis heute einfach nicht verzeihen.

Als mein Vater, irgendwann(ein Zeitgefühl hat man in dieser Situation nicht) endlich mit seiner Prügelorgie aufhörte, sich umdrehte und ruhig abreagiert, in seine Werkstatt ging, schaffte ich es gerade noch, mich die Treppe hinauf in mein Zimmer zu schleppen.
Erst dort konnte ich das Ausmaß der diesmaligen Gewaltattacke meines Vaters erkennen.

Entsetzt sah ich das viele Blut, das mir aus beiden Ohren lief. Ich versuchte die Blutung zu stoppen, indem ich meinen Kopf abwechselnd nach rechts und einige Minuten später nach links neigte.
Irgendwann hörte die Blutung tatsächlich auf, die starken Schmerzen blieben allerdings.
Da ich wieder einmal vollkommen allein auf

mich gestellt war, versuchte ich mich zuerst selbst notdürftig zu versorgen.
Ich fand die Watte, die unsere Mutter für was auch immer benutzte, formte sie zu kleinen Bällchen, und steckte sie mir in meine Ohren.
Danach wusch ich mir das ganze Blut von Gesicht und Hals und wickelte mir ein Handtuch ganz fest um meinen Kopf.
Irgendwelche Schmerzmittel, die ich gefunden hatte und einnahm, ließen mich nach kurzer Zeit einschlafen.
Für die Schule schrieb mir meine Mutter wieder mal eine Entschuldigung. Darin hatte sie ja mittlerweile Übung.
Dieses Mal war es eine Mittelohrentzündung, die mich zwang, zu Hause zu bleiben.
Makaber, wenn man bedenkt, dass sie in diesem Fall nicht lange überlegen musste, da mir meine Ohren tatsächlich höllisch schmerzten. Und durch den Eiter, der mir noch eine ganze Zeit lang täglich aus meinen Ohren herauslief, konnte jeder sehen, wie Recht sie doch hatte.
Zum Arzt ging niemand mit mir. So weiß ich bis heute nicht, in wie weit meine Trommelfelle in Mitleidenschaft gezogen wurden.
Ein Arbeitskollege, dessen Tochter die gleiche

Schulklasse wie ich besuchte, erkundigte sich bei meinem Vater nach meinem Gesundheitszustand. Seine Tochter erzählte ihm, dass ich schon seit längerer Zeit nicht mehr in der Schule war. Von einer schweren Krankheit war die Rede und viele Kinder in der Schule glaubten, dass ich ein böses Leiden hätte und der Tod mich bald dahin raffen würde. Mein Vater, natürlich ahnungslos, versicherte ihm, dass ich mich im Grunde bester Gesundheit erfreute und natürlich ab sofort wieder die Schule besuchen würde. Lediglich eine kleine vorübergehende Unpässlichkeit hätte mir den Schulbesuch nicht ermöglicht.
Dies hätte mein Vater seinem Arbeitskollegen so gesagt, berichtete mir, einige Zeit später, meine Klassenkameradin.
Aufgrund meiner Verletzung und der Tatsache, dass sie mich von nun an regelmäßig zur Schule gehen lassen musste, brauchte meine Mutter nun eine andere Person, die sich ab sofort um sie kümmerte und sie umsorgte. Heimlich wandte sie sich an ihre Schwägerin, die ältere Schwester unseres Vaters.
Tante Gerda stammte aus der ersten Ehe unseres Großvaters und war daher um viele

Jahre älter als unser Vater.
Sie wohnte einige Ortschaften weiter und besuchte uns nur selten. Ich mochte sie sehr gerne und freute mich immer, wenn sie hin und wieder zu Besuch kam.
Tante Gerda war zu diesem Zeitpunkt ungefähr sechzig Jahre alt und Witwe. Mit einer Körpergröße von etwa 160 cm und Kleidergröße 34, war sie ein recht zierliches Persönchen. Ihre dauergewellten, kurzen, mittelblonden Haare waren stets akkurat frisiert.
Überhaupt war sie eine sehr gepflegte ältere Dame, Mutter zweier erwachsenen Töchter und siebenfache Großmutter. Sie war in ihrer Familie der Mittelpunkt. Alle Sorgen und Probleme ihrer Töchter und Enkelkindern, die im gleichen Haus mit ihr wohnten, wurden von ihr gelöst.
Für ihre warmherzige Art liebte auch ich sie sehr. Obwohl sie unserem Vater körperlich mehr als unterlegen war, scheute sie sich aber nicht, ihm offen ihre Meinung zu sagen. Wenn sie mit ihrer Faust auf den Tisch schlug, war auch unser Vater ganz still, und man konnte ihm seinen Respekt ihr gegenüber deutlich ansehen.
Ich freute mich riesig über ihre Zusage, dass

sie einige Wochen bei uns verbringen würde. Unserem Vater wurde natürlich erzählt, dass sich Tante Gerda regelrecht aufgedrängt hätte und unsere Mutter es nicht schaffte, sie abzuwimmeln.

Ich liebte es mit ihr, Halma, das Lieblingsspiel unserer Tante, zu spielen.
Dieses Spiel brachte sie immer mit, wenn sie zu Besuch kam.
Bei uns im Haus gab es keine Gesellschaftsspiele.
Sie kam zwar nicht oft, blieb dann aber meistens für ein paar Tage und half bei der Arbeit wo sie nur konnte. Sie kochte, putzte, und kümmerte sich um die Wäsche.
Diese, leider viel zu wenigen Tage im Jahr, in denen unsere Tante uns besuchte, gehörten in meiner Kindheit zu den einzigen wenigen Lichtblicke, an die ich mich auch heute noch sehr gerne erinnere.
Wenn Tante Gerda da war, musste unsere Mutter die Arbeiten verrichten, die sonst auf mich abgewälzt wurden. Da konnte sie nicht bis mittags im Bett liegen oder zum Tratschen stundenlang im Dorf verschwinden.
Nun musste sie mit anpacken, was ihr, man kann es sich ja denken, in keinster Art und

Weise gefiel.
Ich brauchte den Beiden dann nur noch etwas zur Hand gehen und hatte dadurch genügend Zeit, mich um meine Schularbeiten zu kümmern und mich einfach mal zu erholen.
Ich hatte es bitter nötig!
Wenn mich Tante Gerda, nach getaner Arbeit, lächelnd anschaute, wusste ich genau, was sie wollte.
Schnell lag dann das Halma-Spiel auf dem TIsch und es ging auch schon los.
Man durfte allerdings nicht den Fehler begehen und gewinnen, denn dann flogen einem schon mal die Spielkegel um die Ohren. Dieser Anflug von aufbrausendem Temperament war jedoch im Nu wieder verflogen, sie lachte über sich selbst und alles war wieder gut.
Solange sie da war, war überhaupt alles gut. Sie freute sich über die bevorstehende Geburt eines neuen Neffen oder einer neuen Nichte, und in ihrer Gegenwart wurden von unseren Eltern nie abfällige Bemerkungen über mich oder die erneute Schwangerschaft gemacht. Es gab dann auch keine Übergriffe unseres Vaters. Weder gegen mich, noch gegen seine Frau.

Deshalb war ich überglücklich, dass Tante Gerda die restlichen Schwangerschaftswochen meiner Mutter und über die Zeit des Aufenthaltes im Krankenhaus hinaus nach der Entbindung, noch eine Weile bei uns bleiben wollte.
Allein der Gedanke, dass ich diese Zeit sonst mit meinem Vater hätte alleine verbringen müssen, machte mir schon entsetzliche Angst.
Umso schöner waren dann die Tage und Wochen mit meiner Tante.
Wann die Wehen bei meiner Mutter einsetzten und wie sie ins Krankenhaus kam, weiß ich nicht mehr.
Ich kann mich nur noch daran erinnern, dass mich Tante Gerda am 15. September 1971, abends, freudestrahlend in ihre Arme nahm und mir zu meinem kleinen Schwesterchen gratulierte. Wir beide nahmen uns an die Hände und hüpften vor Freude glücklich, überschwänglich auf und ab, hin und her.
Als wir irgendwann keine Puste mehr hatten, bat sie mich, im Dorf nach meinem Vater zu suchen, um ihm die frohe Botschaft zu überbringen. Das war keine schwere Aufgabe für mich, denn seine Stammkneipe kannte ich ja mittlerweile, und so dauerte es nicht

lange, bis ich ihn gefunden dort hatte. Er zeigte sich, umgeben von seinen Vereinskollegen, natürlich von der besten Seite. Überaus liebevoll begrüßte er mich, und protzte vor Stolz über seinen neuen Nachwuchs. Eine Lokalrunde nach der anderen gab er aus. Immer mit mir auf seinem Schoß. Er, der liebende und treusorgende Vater.
Immer wieder bettelte ich ihn an, endlich mit nach Hause zu kommen. Zu gerne hätte ich mein kleines Schwesterchen begrüßt und sie auf den Arm genommen. Doch mein Vater fand kein Ende.
Irgendwann hatte er dann endlich genug und wir gingen schließlich zusammen heim.
Er, torkelnd vom vielen Alkohol und ich, hüpfend vor Freude.
Um mit mir und Tante Gerda ins Krankenhaus zu fahren, war er, ganz zu unserer Enttäuschung, schon viel zu besoffen. Auch hatte er nur wenig Lust seine Frau zu sehen, geschweige denn sein „neues Balg".
Aber Uwe, der seine neue kleine Schwester auch begrüßen wollte, holte unsere Tante und mich von zu Hause ab, und gemeinsam fuhren wir drei dann ins Krankenhaus.

Sabine, die zu diesem Zeitpunkt noch Petra hieß, war so süß.
Ich konnte mich gar nicht satt an ihr sehen. Sie hatte sogar schon rote Bäckchen. Am liebsten hätte ich sie auf der Stelle mit nach Hause genommen.
Auch Tante Gerda war hin und weg von der kleinen Maus und beschloss, ganz zu meiner Freude, noch einige Tage ran zu hängen.
Ungefähr eine Woche später kam dann meine Mutter mit meiner neugeborenen Schwester wieder nach Hause. Sie wurde von ihrer Schwägerin umsorgt und auch die Pflege des kleinen Babys übernahm komplett meine Tante Gerda. Meine Mutter hatte immer die Ausrede, dass es ihr noch nicht gut ginge und sie sich noch weiter schonen müsse. Ich liebte es, mich gemeinsam mit meiner Tante, um meine Schwester zu kümmern.
So vergingen einige Wochen und der Tag, an dem Tante Gerda wieder nach Hause fahren wollte, rückte leider unaufhaltsam immer näher.
Einige Male war ich drauf und dran, sie um Hilfe zu bitten. Ihr einfach alles zu erzählen, was mich bedrückte. In der Hoffnung, dass sie mir vielleicht irgendwie helfen könnte. Aber ich hatte doch viel zu große Angst vor

meinen Eltern.
Was, wenn sie mir nicht geglaubt hätte?
Was, wenn ihre Hilfe zu spät kommen würde?
Mein Vater hätte keine Skrupel gehabt, mich umzubringen!
Er hätte sich von mir nie etwas nachsagen lassen, eher hätte er mich mundtot gemacht. Allein schon aus diesem Grund fand ich auch jetzt wieder nicht den Mut, etwas zu sagen, und ließ sie einige Tage später, unwissend über unsere familiäre Situation bleibend, wieder abreisen.

Tante Gerda wohnte zwar nur wenige Ortschaften weiter, doch für ein Kind ist das eine immense Entfernung; eine halbe Ewigkeit und so unerreichbar weit weg.

Es vergingen einige Wochen, bis unsere Eltern beschlossen, (nicht die leiseste Ahnung warum), dass ihre neue Tochter ab sofort nicht mehr Petra, sondern Sabine heißen soll. Und so wurde meine kleine Schwester auf den Namen Sabine getauft und es fand eine riesige Tauffeier statt. Das ganze Dorf sollte sehen, wie stolz doch unsere Eltern auf ihren späten Nachwuchs waren.
In Wirklichkeit hassten sie die Kleine schon

vom ersten Augenblick an, genauso, wie sie mich schon seit Jahren hassten.
Bei jedem Schrei, den Sabine aus Hunger oder Durst von sich gab, wurde nur gezwungener Maßen und mit Widerwillen reagiert.
Die meiste Zeit versorgte ich die Kleine und versuchte, ihr so viel Liebe, wie nur möglich zu geben.
Dass sie die von unseren Eltern nie bekommen würde, war mir schon sehr schnell bewusst. Oftmals hielt ich es in der Schule, vor Sorge um Sabine, kaum noch aus. Wusste ich doch nur zu genau, dass unsere Mutter die Kleine nicht versorgte und einfach schreien ließ, ohne auch nur nach ihr zu schauen oder einen Blick auf sie zu werfen.
Dieser Gedanke machte mich schier verrückt und brachte mich fast um den Verstand.
Und dennoch freute ich mich einfach so riesig darüber, dass sich mein Traum von einem Geschwisterchen endlich erfüllt hatte.

Ich würde mich schon um sie kümmern und auf sie aufpassen und sie beschützen.
Das versprach ich ihr in meinen Gedanken.
Ganz fest.

Kapitel 7

Die Nachbarin

Unsere Mutter erzählte nun, nach der Entbindung, jedem von den „Strapazen" der Geburt. Egal, ob derjenige diese, von ihr im höchsten Maße übertriebene Leidensgeschichte hören wollte oder nicht. Hauptsache sie wurde bemitleidet. Diese enorme Leistung, die sie im Alter von immerhin sechsundvierzig Jahren erbracht hatte, sollte doch gefälligst gebührend von allen bestaunt und bewundert werden.

Ja, das war ihre Art Aufmerksamkeit zu erhaschen.
Zu jeder Zeit. An jedem Ort. So oft es nur möglich war.

Ich konnte diese Geschichte, so wie später auch Sabine, mit der Zeit einfach nicht mehr hören.
Wenn diese Menschen gewusst hätten, wie es tatsächlich bei uns zu Hause zuging, nirgendwo hätten sich unsere Eltern mehr blicken lassen dürfen.

Da sind wir uns sicher.
Absolut sicher.
Es verbesserte sich nichts an unserer familiären Situation. Auch die Geburt von Sabine hatte nichts zum Positiven verändert.
Im Gegenteil.
Nun machte ich mir nicht nur um mein eigenes Leben Sorgen, sondern auch um das Leben meines geliebten, kleinen, Schwesterchens.
Die Abstände der Handgreiflichkeiten und Übergriffe unseres Vaters wurden immer kürzer.
Er machte vor nichts halt und prügelte ebenso auf unserer Mutter, wie auch auf mir herum. Ob Sabine im gleichen Raum war, oder gar auf meinem Arm, interessierte ihn nicht im Geringsten. Oftmals musste ich mich schützend mit meinem ganzen Körper über meine kleine Schwester beugen, damit sie nichts von seinen Schlägen abbekam.

Eines Abends, es war schon dunkel draußen, verließ unsere Mutter, nach einem heftigen Streit mit unserem Vater, das Haus. Sabine lag bereits oben in ihrem Kinderbettchen, im Schlafzimmer unserer Eltern. Ich kauerte während dieses Streites die ganze Zeit auf

dem Sessel in der Ecke des „Esszimmers", in der Hoffnung, dass unsere Eltern mich dort nicht entdecken würden.
Unsere Mutter verließ also das Haus und unser Vater ging, vor sich hinmurmelnd, nach oben. Nachdem ich hören konnte, dass er die Schlafzimmertüre hinter ich zugezogen hatte, wartete ich noch einen Moment, und schaltete mir dann, zur Ablenkung, ganz leise den Fernseher ein.
Es verging jedoch nicht viel Zeit bis mein Vater mich mit lauter, erhobener undbarscher Stimme zu sich rief.
Einmal mehr ängstlich und schon zitternd, ging ich leise die Treppen im Flur hinauf und blieb instinktiv,böses ahnend, wie angewurzelt vor der Schlafzimmertüre stehen.
Vielleicht hatte ich Angst vor dem, was mich in diesem Zimmer hätte erwarten können. Schließlich wusste ich ja, dass sich Sabine in diesem Raum befand.
Während mein Vater erneut nach mir schrie, öffnete ich langsam die Zimmertür und ging ganz vorsichtig hinein. Ein Blick hinter diese Tür zeigte mir, dass Sabine schlafend in ihrem Bettchen lag und von den Schreien des „Alten" nichts mitbekam.

Sie war es scheinbar schon gewohnt, gehörten doch Schreie seit je her zum normalen Alltag bei uns.

Mein Vater saß vollgesoffen auf dem Rand seines Bettes, mit dem Rücken zur Tür. Ein erbärmliches Bild !
Er blickte mit glasigen Augen nur über seine Schulter und forderte mich lallend auf, zu ihm zu kommen. Zögerlich und voller Angst, das Schlimmste erwartend, ging ich, so langsam wie ich nur konnte, auf ihn zu. Sofort packte er mich an meinem linken Arm und zerrte mich ganz dicht zu sich auf das Bett. Seine großen, gewaltigen Hände waren nass geschwitzt und seine Alkoholfahne war ekelerregend.
Sein Blick, wie immer, starr und durchdringend.
Neben ihm sitzend nahm ich meinen ganzen Mut zusammen und fragte ihn ganz vorsichtig, wo denn unsere Mutter sei und wann sie wieder kommen würde.
Er antwortete nur ganz brüsk und ablehnend:
„ Die ist weg."
Mit seiner rechten Hand hielt er mich weiterhin fest, mit seiner linken Hand aber öffnete er seine Nachtkonsole. Aus diesem

kleinen, weißen Schränkchen nahm er, sehr zielsicher, eine große, schwarze Pistole heraus.
Davon gab es ja mehr als genug im Haus.
Er starrte auf diese Waffe, während er vor sich hinmurmelte: „ So, das war es jetzt. Jetzt ist es vorbei.“
Die Gedanken, die mir in diesem Augenblick durch den Kopf schossen, kann ich nicht mehr beschreiben.
Ich hatte in diesem Moment einfach nur Todesangst.
Wie schon sooft zuvor.
Aber dieses Mal war es doch irgendwie anders.
So endgültig.
Aus dieser bedrohlichen Situation gab es für mich kein Entkommen mehr.
Das schien jetzt völlig aussichtslos.

Das Gefühl, in absoluter Todesangst, nichts gegen das drohende Unheil tun zu können, ist unbeschreiblich. Es gibt dafür keinen Ausdruck oder auch nur den Ansatz einer Beschreibung.
Mein Herz raste, mein Mund war im Nu wie ausgetrocknet und ich war kaum noch imstande, zu atmen. Alle möglichen

Gedanken rasten durch meinen Kopf, und gleichzeitig befand sich nur noch eine große Leere darin.
Alles urplötzlich und so vollkommen aussichtslos.

Da saß ich nun, und hatte nicht die geringste Chance, ihn von seinem Vorhaben abzubringen.
Denn was sein Vorhaben war, das war mir sofort sehr wohl bewusst.
Mir war klar, dass dies nun meine letzten Augenblicke sein würden.
Innerlich schloss ich, unbeweglich vor Angst, mit meinem kurzen und in keinster Weise auch nur annähernd erfüllten Leben ab.
Was war mit meinen Zukunftsplänen, die ich hatte?
Wollte ich nicht für Sabine da sein, und sie beschützen?
Mit ihr gemeinsam, sobald sich mir die Möglichkeit bietet, weit weg von diesen Horroreltern, ein wunderschönes Leben führen?
Wobei „wunderschön" ja nicht bedeutet in Luxus und Reichtum zu leben, sondern in Liebe und ohne Gewalt.
Es bedeutet nur, frei von Angst zu sein.

Ich konnte es einfach nicht fassen, dass jetzt, in diesem Moment, alles vorbei sein sollte.

Doch beim Aussprechen des letzten Wortes meines Vaters, hörten wir, völlig unverhofft, wie vom Himmel geschickt, die Stimme unserer Nachbarin.
Die Patentante von Sabine.
Sie rief, aus bis heute nicht nachvollziehbarem Grund, nach meiner Mutter.
Mehrmals rief sie nach ihr und ich erkannte sofort meine einzige rettende Chance.
Ich nutzte die Verdutztheit meines Vaters aus, riss mich von ihm los und rannte, so schnell ich nur konnte, die Treppen hinunter.

Unsere Nachbarin war meine, war unsere Rettung.

Doch als ich die Haustür öffnete, war sie schon wieder auf dem Weg zu sich nach Hause.
Sie hatte fast ihr Gartentor erreicht.
Heulend rief ich nach ihr und rannte ihr hinterher.
„Bitte nimm mich mit zu Dir", flehte ich sie an.

Erschrocken sah sie mich mit weit geöffneten Augen an und streckte mir ihre Hand helfend entgegen.
Wortlos nickte sie, während sie mir immer noch, wie versteinert, ihre Hand anbot. Sie musste geahnt haben, dass bei mir zu Hause etwas nicht stimmte. Doch in welcher Gefahr ich mich nur einige Sekunden vorher noch befand, konnte sie nicht einmal erahnen.
Wie auch?
Kein Mensch wäre auch nur auf die Idee gekommen, ein solches Familiendrama bei uns zu vermuten.
In ihrem Blick konnte ich jedoch die Fassungslosigkeit, aber auch die Angst, beim Anblick meines Zustandes, erkennen. Denn immer noch zitterte mein ganzer Körper aus Panik vor dem gerade Erlebten und die Tränen flossen in Strömen über meine Wangen nur so hinunter. Ich nahm ihre Hand, und ohne auch nur ein Wort zu sagen, gingen wir beide gemeinsam in ihr Haus.
Sie fragte mich nicht über das was passiert war. Ich glaubte, dass sie es gar nicht wissen wollte, und erzählte deshalb auch kein Wort von dem, was ich da gerade durchlebt hatte.

Sie half mir zwar, war meine Rettung, aber ich vermute, dass sie mit dieser Situation einfach nicht umgehen konnte.
Irgendwie war sie mit dieser Situation auch überfordert. Leider aber ist es auch oft so, dass Menschen lieber wegsehen, als sich einzumischen.
Aus Angst, falsch zu handeln?
Aus Angst, sich und ihre Familien selbst in Gefahr zu bringen?
Jeder wird wohl sein eigenes Motiv haben, nicht einzuschreiten.

Mir half unsere Nachbarin an jenem Abend, wenn auch nur unbewusst, indem sie mich einfach mit zu sich nach Hause nahm.
Dann fiel mir aber sofort wieder Sabine ein.
„Was, wenn er ihr etwas antut", dachte ich mir.
Ich war hin und her gerissen, voller Panik.
Schweren Herzens blieb ich dann aber doch bei der Nachbarin.
Ich dachte mir immer, dass er ja nur mir etwas antun wollte und Sabine einfach zu süß sei, um sich auch an ihr zu vergreifen. Das war doch bestimmt nicht seine Absicht. Das würde er nicht machen. Er wollte doch nur mich umbringen.

Das schoss mir unentwegt durch meinen Kopf.
Und so beruhigte ich mich selbst.
Wir gingen beide in ihre Küche. Hier wartete ich auf die Rückkehr meiner Mutter.

Unsere Nachbarin bewohnte mit ihrem Mann, ihrer zehnjährigen Tochter und ihrer Mutter ein sehr schönes Eigenheim. Die Einfahrt zu ihrer Garage grenzte direkt neben unserem Garten. Ihr ganzes Grundstück war sehr ordentlich und wurde von ihnen ständig sorgsam gepflegt.
Wir sind uns schon sicher, dass die Übergriffe unseres Vaters den Beiden nicht verborgen bleiben konnten, dafür standen unsere Häuser einfach zu nah nebeneinander.
Aber wahrscheinlich war ihre Angst vor ihm zu groß, als das sie uns hilfreich zur Seite stehen konnten. Das wäre ihnen jedoch in keinster Weise zu verdenken, schließlich hatten wir selbst viel zu große Angst vor unserem Vater, um etwas gegen ihn zu unternehmen.
Unsere Nachbarin war zu diesem Zeitpunkt ungefähr Ende dreißig, mittelblond und etwas korpulent. Sie trug eine Brille, die sehr gut zu ihr passte und war überhaupt sehr gepflegt.

Diese Tatsache blieb auch unserer Mutter nicht verborgen und sie schaute den Nachbarn jedes Mal neidvoll hinterher, wenn sie Samstagsnachmittags, Hand in Hand, spazieren gingen. Dann war das Haus der Beiden bereits geputzt, das Auto gewaschen und der Wochenendkuchen stand duftend zum Abkühlen auf der Fensterbank.
Es muss einfach herrlich sein, in einem solchen Elternhaus aufzuwachsen!
Ich saß, gefühlte Stunden, ganz dicht am Küchenfenster und wartete ungeduldig auf unsere Mutter. Sie musste hier vorbeikommen. Einen anderen Weg zu uns nach Hause gab es nicht.
Endlich, nach schier endloser Zeit, kam sie, mit langsamen Schritten, am Nachbarhaus vorbei. Ich rannte hinaus und rief ihr erleichtert entgegen: „ Gott sei Dank, dass Du wieder da bist. Papa wollte…." Doch weiter kam ich nicht.
Sie fiel mir direkt ins Wort und fragte nur sehr barsch und vorwurfsvoll, was ich denn bei unseren Nachbarn machen würde. Warum ich mich um diese Uhrzeit überhaupt noch draußen herumtriebe?
Das war alles.
Was ich ihr erzählen wollte, interessierte sie

gar nicht. Hörte nicht hin.
Kein Stück.
So blieb ich dann einfach still, ging mit ihr nach Hause und hoffte aus tiefster Seele, dass sich unser Vater in der Zwischenzeit wieder beruhigt haben würde und im besten Fall schon eingeschlafen wäre.
Meine Mutter ging sofort nach oben, und legte sich in ihr Bett.
Ich hingegen verschwand in unsere Küche, setzte mich an den Tisch und weinte erneut bitterlich. Wie gewohnt ganz leise, damit sie mich bloß nicht hören konnten.
Da kein Schrei oder irgendein anderes auffälliges Geräusch von unserer Mutter zu hören war, ging ich davon aus, dass unser Vater wohl, in seinem Suff, eingeschlafen sein musste.
Das beruhigte mich sehr, denn so wusste ich wenigstens, dass mit Sabine dort oben alles in Ordnung war.
Ich blieb die ganze Nacht unten, brachte es einfach nicht fertig, durch das Schlafzimmer meiner Eltern in mein Bett zu gehen.
Vorbei an meinem Vater.
Vorbei an dieser Pistole.
Vorbei an diesem schrecklichen Bett, auf dem ich schon mit meinem Leben abgeschlossen

hatte.
Nein, ich verbrachte jene Nacht in unserem Esszimmer, zusammengekauert auf dem Sessel in der Ecke; hellwach, aber trotzdem noch keinen klaren Gedanken fassen könnend.

Was unsere Nachbarin an jenem Abend von unserer Mutter wollte, warum sie so oft nach ihr rief, weiß ich bis heute nicht.

Vielleicht eine höhere Macht?

Auf jeden Fall, ganz bestimmt, wurde sie aber dadurch zu meiner Lebensretterin.

So verging eine Woche nach der anderen.
Immer von Angst geprägt, versuchte man den Tag, so gut es nur eben ging, zu überstehen.
Wenn es auch mal an einem Tag lang keine Gewalt gab, so war der Psychoterror immer allgegenwärtig.
Alleine die Blicke unserer Eltern, die einem sagten, dass man besser tot wäre oder ihre Worte, die einem diese Tatsache unmissverständlich verdeutlichten.
Aber auch das Anschleichen, eine

schreckliche Angewohnheit unseres Vaters, jagte uns immer wieder Angst ein.
Egal wo man war oder was man gerade machte.
Drehte man sich um, stand er urplötzlich hinter einem.
Völlig lautlos.
Wie lange er uns dann schon beobachtete, wussten wir nie.
Auch nicht, wie er es immer wieder schaffte, sich unbemerkt, an einen heran zu schleichen.
Erschrocken zuckte man jedes Mal zusammen, wenn man sich umdrehte und er wieder vor einem stand.
Vor allem wusste keiner von uns, was er bloß wieder vor hatte, und wie er dieses Mal reagieren würde.
Manchmal lachte er nur und freute sich riesig, uns erschreckt zu haben.
Manchmal hatte man aber auch, natürlich ohne Vorwarnung, seine Faust im Gesicht.
Aus heiterem Himmel, einfach so. Grundlos.
Jeder von uns war ständig auf der Hut und schaute sich permanent um. Zu jeder Zeit, egal wo.
Es war schon manisch.
Und dennoch gelang es ihm laufend, aus

heiterem Himmel einfach wieder aufzutauchen.
Immer wieder.

Die einzige Freude, die ich zu dieser Zeit hatte, war meine Band. Sie bestand aus Bernd, dem Gitarristen, Klaus dem Keyboarder, Jürgen dem Bassisten, Dixi dem Schlagzeuger und mir als Sängerin. Wir hatten sehr viele Auftritte in der näheren Umgebung und waren schon für ein ganzes Jahr ausgebucht.
Ich war jetzt schon fast sechszehn Jahre alt und kam endlich über unsere Dorfgrenzen hinaus.
Es war nicht immer einfach, mit den Verletzungen, die mir mein Vater zufügte, aufzutreten.
Aber mit Schmerz unterdrücken und dicker Schminke schaffte ich es jedes Mal.
Die Gage, die wir uns immer gerecht aufteilten, verbarg ich, um mir davon später meine Aussteuer kaufen zu können. Doch leider fand unsere Mutter meine geheimen Stellen immer wieder.
Wie ein Trüffelschwein spürte sie jedes, noch so gut getarntes Versteck, auf und plünderte hemmungslos meinen kleinen Schatz. Sie

suchte so lange, bis sie das Geld endlich fand und nahm es mir weg. Sie stahl es mir einfach.
Auch vor meinem Sparbuch machte sie nicht halt. Sie bediente sich wie selbstverständlich. Ich konnte einfach nichts dagegen tun.
Für meine Aussteuer hatte ich schließlich nichts mehr.
Trotzdem ließ ich mir den Spaß an meinen Auftritten nicht nehmen. Ich genoss die Zeit auf der Bühne. Denn dort bekam ich, wie schon damals als Funkenmariechen in Köln, die Anerkennung, die ich zu Hause von meinen Eltern nie bekam.
Bei meinen Auftritten konnte ich wieder, wie damals, meine Sorgen und Ängste für einen Moment vergessen und etwas glücklich sein. Und das Publikum fand uns richtig gut.

Wie jeder Schüler, musste auch ich zum Ende meiner Schulzeit hin, ein Schulpraktikum absolvieren. Natürlich bekam ich auch in dieser Sache wieder einmal keinerlei Unterstützung von meinen Eltern.
„ Praktikum, so ein Quatsch", sagten sie einstimmig.
Hier waren sie, ausnahmsweise, einmal einer Meinung.

Es vergingen Tage und Wochen, und ich war mittlerweile die Einzige, die noch keinen Praktikumsplatz hatte. Auf Drängen der Lehrerin, mich endlich um eine Stelle zu kümmern, versuchte ich immer wieder meine Eltern von der Wichtigkeit des Praktikums zu überzeugen.
Ich konnte der Lehrkraft doch nicht die Wahrheit sagen. Nämlich, dass meine Eltern ein Praktikum völlig überflüssig und für vollkommenen Blödsinn hielten.

Die Zwickmühle, in der ich mich befand, erdrückte mich schier.

Einerseits musste ich dieses Praktikum auf Anordnung der Schule absolvieren, andererseits erlaubten es meine Eltern nicht. Sie verboten es regelrecht.

Ich denke einfach, dass ich, während meine Klassenkameraden ihr Praktikum verrichteten, zu Hause bleiben sollte, um noch mehr anfallende Arbeiten zu erledigen. In den Augen meiner Eltern war ich doch sowieso bloß eine billige Arbeitskraft. Eine Dienstmagd, die ohne Lohn alle Arbeiten zu verrichten hatte. An der sie sich abreagieren, und ihren Frust abbauen konnten.

Oh Wunder, nach vielen Tränen und endlosen Überredungskünsten, bekam ich dann überraschenderweise von meinen Eltern doch noch die Zustimmung, das vorgeschriebene Schulpraktikum abzulegen.

Den Grund, warum sie ihre Meinung dann letztendlich änderten, und mir dieses Praktikum erlaubten, habe ich nie erfahren. Vielleicht erkannten sie, dass es sich hier um eine Pflicht handelte, der ich einfach nachzukommen hatte und sie letztendlich nichts dagegen unternehmen konnten. Haben sich schließlich wohl damit abgefunden, dass ich für kurze Zeit als Arbeitskraft ausfallen würde.

Sehr erleichtert darüber, suchte ich sofort nach einergeeigneten Stelle.
Nicht, dass ich so wählerisch war, nein, ich musste darauf achten, dass ich diesen Betrieb auch zu Fuß erreichen konnte.
Meine Eltern stimmten jetzt zwar diesem Praktikum zu, unterstützen würden sie mich jedoch niemals.
Ausgeschlossen, dass mein Vater mich mit

seinem Auto zu dem Praktikumsbetrieb gefahren und wieder abgeholt hätte. Der Linienbus fuhr in unserem kleinen Dorf auch nur unregelmäßig und in viel zu großen Abständen, als dass man ihn einigermaßen zuverlässig hätte nutzen können.

Die Suche gestaltete sich also als sehr schwierig, denn zu viel Zeit war schon vergangen und alle Plätze in der Nähe waren praktisch schon vergeben.

In meiner Verzweiflung wusste ich mir nicht anders zu helfen und wandte mich an meinen Bruder Uwe. Er versuchte mich natürlich zu unterstützen, konnte aber auch keine freie Stelle mehr finden. Aber er machte den Vorschlag, doch unseren ältesten Bruder, den Peter zu fragen.

Peter hatte inzwischen seine Einzelhandelskaumannslehre sogar als Jahrgangsbester abgeschlossen und war bereits seit einigen Jahren verheiratet. Erika, seine Ehefrau, war gute zehn Jahre älter als er, geschieden und Mutter zweier Töchter im Teenager-Alter. Weil unser Bruder aber absolut keine Kinder leiden konnte, ließ sie

ihre Mädchen bei ihrem geschiedenen Mann. Doch sie besuchte die Beiden aber regelmäßig oder unternahm sehr oft etwas Gemeinsames mit ihnen.
Unsere Schwägerin war eine sehr liebe und hübsche Frau, die unseren Bruder aus ganzem Herzen liebte.
Jeder Blick von ihr, jede Geste, einfach alles, was sie sagte oder tat, ließen keinen Zweifel an ihrer Liebe zu Peter aufkommen.
Sie hatten eine, für damalige Verhältnisse, überaus luxseriöse Wohnung in Mannheim. Erika arbeitete als Verkäuferin in einem Bekleidungsgeschäft und Peter hatte vor kurzem zusammen mit einem Geschäftspartner eine Weinhandlung in der Mannheimer Altstadt eröffnet.
Das Startkapital musste er sich damals, Mitte der Siebziger, allerdings von einer Bank leihen und damit es bewilligt wurde, trat unser Vater als Bürge ein. Als Sicherheit diente damals unser Elternhaus.
Hierüber gab es aber erneut einen sehr großen Streit zwischen unseren Eltern. Unsere Mutter war total gegen diese Bürgschaft, weil sie der Ansicht war, dass sich jeder „ normale" Mensch seinen Wein im Lebensmittelgeschäft oder Supermarkt

kaufen würde und nicht in einer teuren Weinhandlung. Unser Vater war hingegen der Meinung, dass sie nur dagegen sei, weil Peter nicht ihr leiblicher Sohn sei und unterstützte seinen Peter daher demonstrativ. Das war zwar erstaunlich und gar nicht seine übliche Art. Aber so war er halt. Hauptsache, er konnte sich gegen unsere Mutter behaupten und ihr zeigen, wer hier das endgültige Sagen hat.
Es herrschte Terror pur durch diesen Konflikt. Geschrei, Prügel, Beschimpfungen, das volle Programm!

Erst später stellte sich heraus, wie Recht „die Alte" doch behalten würde.

Ich fand Uwes Idee einfach genial, und so rief ich, selbstverständlich mit dem Einverständnis unserer Eltern, bei Peter an.
Er sagte auch gleich zu, und am darauffolgenden Wochenende holte er mich mit seinem hellblauen VW-Käfer ab. Rund neunzig Minuten Fahrzeit.
Ein bisschen wehmütig war mir schon zu Mute, denn ich musste ja Sabine bei unseren Eltern alleine zurücklassen.
Eine ganze Woche lang.

Der Gedanke daran machte mir schon erheblich viel Angst, andererseits musste ich aber auf jeden Fall ein Praktikum absolvieren. Was sollte ich also anderes machen?
Ich fuhr, zwar sehr besorgt um Sabine aber auch mit der Vorfreude, endlich mal etwas anderes zu sehen, mit meinem Bruder mit.
In Mannheim angekommen, bezog ich gleich das schicke Gästezimmer, das ich nur für mich allein hatte. Sie lebten zur Miete in einem Mehrfamilienhaus.
Es war so wunderschön dort. Alles war so modern, so schick und so sauber.
Keine Mäuse, keine Ratten in der Wohnung.
Dafür schöne Möbel und alles gepflegt und ordentlich.
Und nicht zu vergessen, ein richtiges Badezimmer.
Ich dachte, ich wäre im Paradies gelandet und fühlte mich hier vom ersten Augenblick an „sauwohl." Es war einfach nur himmlisch für mich. Endlich mal weg von den Eltern und von dieser Bruchbude.
Jeden Morgen, nach dem Frühstück, ging Erika zu ihrer Arbeitsstelle, und ich fuhr mit Peter im Auto zu seinem Laden.

Den betrieb er mittlerweile ganz alleine, weil sein ehemaliger Geschäftspartner kurze Zeit vorher, im Alter von nur zweiundvierzig Jahren, einem tödlichen Herzinfarkt erlag.
Nun musste Peter nicht nur seinen eigenen Anteil an die Bank abzahlen, sondern auch noch den seines Partners.
Was sich allerdings nach einiger Zeit als große Herausforderung herausstellte. Diese enorme Summe war für ihn alleine nicht mehr aufzubringen. Und einen anderen Partner, der die Hälfte der Weinhandlung übernahm, fand er nicht.
Er dachte und hoffte aber wohl, dass er es auch irgendwie alleine schaffen würde.
Was sich jedoch nach wenigen Jahren als großer Irrtum herausstellte.

So vergingen die ersten Tage und es stellte sich bei uns schon eine richtiggehende Routine ein. Ich bewältigte meine Aufgaben im Geschäft mit jedem Tag immer besser und die anfallenden Arbeiten machten mir noch dazu sogar riesigen Spaß.
Alles war einfach perfekt.
Abgesehen von den täglichen Anrufen, die ich entgegen nehmen musste, bei denen verschiedene Lieferanten ihr Geld

einforderten und ich meinen Bruder immer wieder verleugnen musste. Aber als Teenager macht man sich darüber keine großen Gedanken, auch weil Peter mir ständig versicherte, dass doch alles in bester Ordnung sei und ich mir nun wirklich keine Sorgen zu machen bräuchte. Nun gut, dachte ich mir, er würde es schon wissen.
Und ich vertraute meinem Bruder.

An meinem letzten Arbeitstag schloss er, wie an jedem Tag üblich, den Laden zur Mittagspause zu.
Bevor wir dann, wie immer, in Peters Stammlokal zum Essen gingen, wollte ich eigentlich nur noch schnell meine angefangene Arbeit zu Ende bringen.

Doch was jetzt geschah ist mir bis heute völlig unbegreiflich!

Ich dachte mir absolut nichts dabei, als er auf mich zu kam und mich umarmte, war er doch schließlich mein Bruder.
Dann aber, ganz plötzlich, fing er an, mich am ganzen Körper zu befummeln, zu begrapschen und zu küssen.
Er war mit seinen Händen überall. Ruckartig

hatte er mich auf die Ladentheke geschubst. Mit der einen Hand schob er meinen Pulli nach oben, um meine Brüste zu küssen und mit der anderen fasste er mir zwischen meine Beine. Dabei lag er mit seinem ganzen Körper auf mir und drückte mich somit auf die Theke, um mich in dieser Position festzuhalten zu können. Immer wieder versuchte er mir meine Hose zu öffnen und herunterzuziehen. Während ich laut nach Hilfe schrie und mit drehenden Bewegungen versuchte, mich von dieser Theke zu winden. Mit aller Kraft bemühte ich mich immer wieder, seine großen Hände von mir abzuwehren. Doch es gelang ihm trotzdem alle meine Körperteile zu betatschen.
Es war so schrecklich und total unvorhersehbar für mich.
Er machte sich regelrecht wie besessen über mich her.
Mit aller Gewalt versuchte ich, mich von ihm los zu reißen und zu entkommen.
Immer wieder bat ich ihn, doch damit aufzuhören. Aber auch mein Weinen und Betteln brachten ihn nicht dazu, mich endlich loszulassen. Es war einfach wie in einem Alptraum.
Er hatte die Finger überall, wie ein Krake mit

seinen acht Tentakeln.
Ich wusste gar nicht, wie mir geschah.

Mir ist bis heute nicht klar, was plötzlich in ihm vorging.

Wie ich es dann doch noch schaffte, von ihm weg zu kommen, weiß ich nicht mehr.
Ich bin nur sehr froh darüber, dass es mir damals irgendwie gelang.
Ich rannte zur Tür, doch die war zu.
Die hatte er ja schon der Pause wegen verschlossen.
Panik machte sich in mir breit.
Und schon stand er wieder hinter mir. Mir war bewusst, dass ich an den Ladenschlüssel kommen musste. Das war meine einzige Chance, um diesem Fiasko zu entkommen.
Ich rannte durch den ganzen Laden und er immer hinter mir her.
Unaufhörlich beteuerte er, dass er sich in mich verliebt hätte.
Unglaublich, mein eigener Bruder!
In mich verliebt?
Wir wuchsen doch, wenn auch nur für ein paar Jahre, als Geschwister miteinander auf.
Ich verstand die Welt nicht mehr.
Hört dieser Wahnsinn denn nie auf?

Was muss ich denn noch alles erleben und erleiden?

Aufgewühlt, geschockt und voller Panik schmiss ich alles, was ich im Vorbeilaufen greifen konnte, nach ihm. So doll und so fest ich nur konnte. Ganze Regalteile, auf denen auch der teuerste Wein des Geschäftes ausgestellt war, riss ich um, und versuchte ihm damit den Weg zu versperren.
Es war einmal mehr wieder nur die Hölle.
Ich hatte jetzt eine solche, unbeschreibliche Angst vor Peter, meinem eigenen Bruder.
Das Einzige, was mein Vater mir nie antat, versuchte ausgerechnet der eigene Bruder.
Er wollte mich vergewaltigen!

Das ist für mich auch heute noch unfassbar und nicht zu begreifen.

Nach dem nun der ganze Laden förmlich in Trümmern lag, kam ich endlich an den Schlüssel, den Peter auf der Theke abgelegt hatte.

Ich wollte nur noch raus.

Blitzschnell bekam ich ihn zu fassen und

rannte so schnell ich nur konnte zur Ladentür.

Während ich hektisch aufschloss, schaute ich immer wieder hinter mich, um zu sehen, wo Peter in diesem Moment war. Er war plötzlich weg. Wahrscheinlich im Hinterzimmer. Ich konnte ihn nicht sehen. Das machte mir aber nur noch mehr Angst.
Ich hoffte nur, dass er sich endlich beruhigen würde und bloß weg bliebe.
Weit weg von mir.
Heulend und total verstört, immer wieder hinter mich blickend, angstvoll nach ihm suchend, ob er mich verfolgen würde, lief ich durch die Straßen von Mannheim.
Ich kannte mich hier in dieser Stadt doch überhaupt nicht aus.
So irrte ich tatsächlich stundenlang umher, bis ich plötzlich und unverhofft, rein zufällig, wieder vor Peters Laden stand.
Er aber blieb verschwunden.

Durch das Schaufenster konnte ich jetzt das ganze Ausmaß dieses unglaublichen Ereignisses erkennen.
Es sah einfach furchtbar aus!
Wie nach einem Wirbelsturm.

Alles lag förmlich in Schutt und Asche. Glasscherben überall, wo man auch hinsah. Zersprungene Holzteile der Regale, die kreuz und quer über den ganzen Boden verstreut lagen.
Und die Weinspritzer, die an den Wänden und auch am Schaufenster schon zu trocknen begannen. Auf dem Boden waren überall Pfützen, die sich aus dem Wein der zig zerschlagenen Flaschen gebildet hatten.
Nur von meinem Bruder war nichts zu sehen. Ob er wohlmöglich noch da war?
Keine Ahnung.

Der Laden jedenfalls war total ruiniert. Da war nichts mehr zu gebrauchen. Die gesamte Einrichtung, die Weinflaschen, alles hin. Ein Totalschaden. Eine Handgranate hätte wohl nicht mehr anrichten können.

Ich machte mich schließlich wieder auf den Weg, ohne noch einmal hineinzugehen.
Da ich ja schon die ganze Woche die Strecke, von der Wohnung bis zum Laden, mitgefahren war, fand ich von hier aus wieder ohne Probleme den richtigen Weg zur Wohnung.
Ich blieb aber noch eine ganze Zeitlang unten

vor dem Haus stehen und wartete. In einer kleinen Nische rechts neben der Haustür, versteckte ich mich.
Erst einmal sammeln.
Als ich mich, nach einiger Zeit, endlich wieder etwas beruhigt hatte und mir sicher war, dass Erika nichts von diesem Übergriff würde bemerken können, klingelte ich.
Ich war so erleichtert, meine Schwägerin zu sehen. Um nichts in der Welt wollte ich, auch nur für eine Sekunde, mit meinem Bruder jemals wieder alleine sein.
Ich hätte nie gedacht, dass ich mich einmal freuen würde, wieder nach Hause zu dürfen, aber in dieser Situation war dies tatsächlich der Fall.
So tief saß der Schock.

Erika habe ich nie von diesem Vorfall erzählt. Viel zu sehr hätte es sie bestimmt verletzt.

Mein Bruder kam geraume Zeit später nach Hause.
Auch er sagte kein Wort.
Eigentlich redete er an diesem Abend überhaupt nicht.

Erika überzeugte ich davon, dass mein

Heimweh einfach zu groß sei, und ich sofort nach Hause wollte.
Ich hatte bereits meine Tasche gepackt, und Peter fuhr mich noch am selben Abend zu meinen Eltern zurück.

Die ganze Heimfahrt, die mehr als eine Stunde dauerte, haben Peter und ich kein einziges Wort mehr miteinander geredet.
Erika fuhr nicht mit, weil sie diese Zeit nutzen, und mit ihren Kindern verbringen wollte.
Also war ich doch wieder mit Peter alleine, genau das, was ich nie wieder wollte.
Den größten Teil der Fahrt fuhren wir über die Autobahn, was mich im Grunde sehr beruhigte. Nur die Landstraßen machten mir Angst.
Was, wenn er in einen Feldweg einbiegen würde?
Oder in einen der vielen Waldwege?

Ich hatte wieder furchtbare Angst und traute mich kaum noch zu atmen.

Aber er ließ mich in Ruhe.
Es kam zwar weder eine Entschuldigung von ihm, noch überhaupt eine Spur von Reue,

aber wenigstens ließ er mich in Ruhe.
Erleichtert stieg ich zu Hause aus, nur noch mit dem Gedanken, dass dieser Alptraum vorbei sei.

Ich habe damals, aus Scham oder auch um Schlimmeres zu verhindern, niemandem davon erzählt.

Ob unser Vater etwas gegen seinen Sohn unternommen, oder wie er reagiert hätte, kann ich nicht einschätzen.
Eigentlich hätte er aber auch gar nichts sagen können, denn sein Sohn war doch, schlussendlich, genauso wie er.
Zumindest aber war er unberechenbar, wie ich am eigenen Leib feststellen musste.

Der Einzige, der mich immer und zu jeder Zeit verteidigte und so gut er nur konnte zu mir stand, war Uwe.
Er hätte sich Peter mit Sicherheit geschnappt und damit wäre die Situation auf jeden Fall eskaliert.
Das aber wollte ich um jeden Preis verhindern.
Und so behielt ich alles einmal mehr für mich und sagte zu niemandem auch nur ein

kleines Sterbenswörtchen.

Oftmals kam Uwe zu uns nach Hause, nur, um nach mir zu sehen. Weil er und unser Vater sich jedoch abgrundtief hassten, kam er nur, wenn der „Alte" nicht zu Hause war. Wenn ich von unserem Vater mal wieder grün und blau geschlagen wurde, musste ich mich, auf Befehl der „Alten", dann in meinem Zimmer verstecken und mich ganz ruhig verhalten, damit Uwe mich nicht hören konnte. Ihm sagte unsere Mutter dann, dass ich bei einer Freundin sei. Nur wenn ich keine äußerlich sichtbaren Blessuren hatte, durfte er mich sehen.

Ich bin mir heute noch absolut sicher, er hätte Peter umgebracht, hätte er jemals davon erfahren.

Ich habe mich oft gefragt, wie sich unser Bruder Peter bei seiner Frau, und auch bei der Versicherung, für den Zustand der Weinhandlung rechtfertigte.
Aber das bleibt für immer sein Geheimnis.
Ich habe es nie erfahren.
Weder Peter, noch seine Frau Erika, habe ich jemals wieder gesehen!

Ungefähr drei Jahre nachdem mein Bruder mich vergewaltigen wollte, waren die Geldsorgen für ihn schließlich nicht mehr tragbar. So sehr er sich auch bemühte, er konnte den finanziellen Ruin seines Ladens nicht mehr länger aufhalten.
Als Peter bei unserem Vater anrief, um ihm zu sagen, dass er die monatliche Rate nicht mehr zahlen könne, kam es zu einem großen Streit zwischen den Beiden. Unser Vater wollte Peter vor Wut umbringen. Bei jedem Anruf von meinem Bruder, schrie unser Vater immer durch die ganze Küche, dass sich Peter nur nicht mehr zu Hause sehen lassen solle. Er würde ihn sonst todschlagen und im angrenzenden Wald verscharren.
Diese Drohung war absolut ernst gemeint. Das wusste jeder.
Er schrie es laut genug, sodass es auch Peter durch das Telefon hören konnte. Denn den Telefonhörer nahm unser Vater nicht in die Hand. Die Telefonate, die musste unsere Mutter führen, und alles genau so weitergeben, wie es unser Vater ihr „vorschrie." Viel weiterleiten musste sie also nicht, denn, wie schon gesagt, schrie unser Vater laut genug.
Weil er jetzt, als Bürge, für seine

Verbindlichkeiten aufkommen musste, führte diese Tatsache auch wieder bei unseren Eltern zum Streit, was zur Folge hatte, dass unser Vater nur noch auf uns alle einprügelte. Auch sein Alkoholkonsum erhöhte sich ab jetzt von Tag zu Tag.
Er soff regelrecht nur noch.
Er schluckte mittlerweile Schnaps und Wein nicht mehr aus einem Glas, sondern gleich aus der Flasche. Es ging wohl einfach schneller und war bestimmt nicht so umständlich mit dem Eingießen.
So verging ein weiteres Jahr, mit viel Gewalt und Psychoterror, bis ein plötzlicher Telefonanruf aus Mannheim unsere SItuation noch erheblich verschlimmerte.
Wer am anderen Ende der Leitung war, wissen wir Schwestern nicht. Wahrscheinlich unsere Schwägerin Erika, aber da sind wir uns nicht sicher.

Ich wohnte, wie auch unsere älteren Geschwister, schon seit einiger Zeit nicht mehr im Saarland.
Unser Vater war noch auf seiner Arbeit.
Nur meine damals achtjährige Schwester Sabine und unsere Mutter, die den Anruf entgegennahm, waren daheim.

Unser Bruder Peter nahm sich am 19.Januar 1981 sein Leben.
Seine Verzweiflung über die gesamte Situation muss so groß gewesen sein, dass er sich, genau wie seine leibliche Mutter Jahrzehnte zuvor, sich das Leben nahm und erhängte.
Mit dem Gürtel seines Bademantels knüpfte er sich, an der Halterung des Duschvorhanges, im Badezimmer seiner Wohnung auf.

Unsere Eltern ließen, warum auch immer, seinen Leichnam ins Saarland überführen. Aufgebahrt in der Leichenhalle konnten alle von ihm Abschied nehmen. Unsere Eltern erzählten jedem, dass ihr Sohn bei einem Autounfall ums Leben gekommen sei. Eine nicht zu übersehende Beule auf seiner Stirn, machte diese Aussage durchaus plausibel. Woher diese Schwellung tatsächlich stammte, werden wir wohl nie erfahren.

Das war also die offizielle Version von Peters Tod.
Wieder eine Familienlüge.
Auf dem Dorffriedhof war sein Grab gleich das erste in der letzten Reihe.

Kapitel 8

Das Strichmännchen mit den drei Fingern

Wie jeden Abend waren unsere Eltern im Innenhof unseres „Anwesens“.
Was sich dort genau abgespielt hat, ist mir, Sabine die jüngste Schwester, bis heute noch ein Rätsel.
Sie müssen sich jedoch, wie so oft, heftig gestritten haben.
Es war bereits dunkel draußen, und auch im Haus war nur die Küche, in der ich mich zu diesem Zeitpunkt aufhielt beleuchtet. Die Küchentür stand offen, sodass ein, aber nur kleiner, Lichtstrahl in den Flur hinein fiel.
Im Flur selbst gab es gar kein Licht.
Bedingt durch diesen nur spärlichen Schimmer, konnte ich daher nur einen Schatten erkennen, der auf einmal zielstrebig die Treppenstufen ins Obergeschoss hinauf huschte.
Diese Umrisse und die Schrittfolge konnte ich jedoch zweifelsfrei unserem Vater zuordnen.
Ich war zu diesem Zeitpunkt erst knapp drei Jahre alt aber mir war sofort bewusst, dass

hier wieder einmal etwas nicht stimmte.
Da saß ich nun mit meinen Malutensilien am Küchentisch und hoffte, dass die Auswirkungen dieser Streitigkeit diesmal bloß nicht so schlimm werden würden.
Leider besaß ich weder ein Malbuch noch wenigstens ein paar Buntstifte und so begnügte ich mich daher zwangsläufig mit einem Blatt Papier und einem Kugelschreiber.
Das Malen war zu dieser Zeit, wie bei den meisten Kindern in diesem Alter, auch meine große Leidenschaft. Gerne hätte ich doch mit bunten Farben gemalt. Ich konnte sogar bereits alle Farben richtig zuordnen, aber eigentlich war ich schon froh darüber, dass ich überhaupt einen Kugelschreiber benutzen durfte.
Ich sehe mein Bild, das ich damals malte, noch ganz genau vor meinen Augen.
Es bestand eigentlich nur aus Strichmännchen. Aus Strichmännchen, die eine glückliche Familie darstellen sollten. Eine glückliche Familie, die ich mir so sehr wünschte, aber leider nicht hatte. Ich malte also ein großes, ein etwas kleineres, und zwei noch kleinere Strichmännchen. Vater, Mutter, Martina und mich.
In diesem Alter bestehen die Hände von

gemalten Menschen ja gewöhnlich aus einem senkrechten Strich für die Hand, und mehreren waagerechten Strichen für die einzelnen Finger. In meinem Fall reichten für meine Vorstellung genau drei Fingerstriche für jede Hand aus. Ich war fast fertig mit meinem Bild, nur die letzten Finger eines der Männchen fehlten noch, als unser Vater meinen Namen rief.
Er stand mittlerweile auf dem Treppenabsatz, genau zwischen dem Ober- und Untergeschoss. Mir war sofort klar, dass ich heute nicht mehr weiter malen konnte und so versuchte ich, nur noch diese drei letzten Striche zu ziehen.
Nun rief er mich schon ungeduldig das zweite Mal.
Und dieses Mal schon sehr energisch und äußerst missmutig.
Ich wusste, dass ich mich jetzt sofort auf den Weg zu ihm machen musste, um bloß nicht zu hart von ihm bestraft zu werden.
Denn eine Strafe in Form von Schlägen war jetzt schon sicher.
Da ich noch sehr klein war, war es mir bedingt durch meine kurzen Beine, nicht möglich sofort loszulaufen. Ich musste erst den Stuhl hinunter hüpfen, um mit meinen

Füßen auf dem Boden zu stehen.
Mit ganz lieblicher Stimme versicherte ich ihm, dass ich sofort bei ihm sein werde.
Während des Sprunges vom Küchenstuhl zog ich noch den letzten Fingerstrich, der daher auch etwas länger wurde, als die anderen Finger des Männchens.
Das ärgerte mich ein wenig.
Da unser Vater nun aber bereits meinen Namen schrie, blieb mir für eine Korrektur keine Zeit mehr. Ich lief, so schnell es mir meine kleinen Beinchen erlaubten, zu ihm die Treppe hinauf. Dort zog er mich äußerst grob mit einem Ruck zu sich und drehte mich gleichzeitig um.
Ich stand nun mit dem Rücken zu ihm und sah aus meinen Augenwinkeln eine Pistole in seiner Hand, die er mir auch schon in diesem Augenblick an meine rechte Schläfe drückte.

Bis heute weiß ich noch genau, wie sich der kalte Lauf dieser Pistole an meinem Kopf angefühlt hat.

Ich kniff instinktiv die Augen zu und zog den Kopf ein, so wie man es macht, wenn man vor irgendetwas in Deckung geht, und wartete auf den Knall.

Doch plötzlich kam unsere Mutter mit riesigen Schritten die Treppe im Vorbau hinauf gerannt. Ich kann mich nicht mehr erinnern, wie viele Stufen sie gleichzeitig nahm, aber es müssen einige gewesen sein. Mit ihrer rechten Hand riss sie mich von ihm weg, und mit ihrer linken Hand schnappte sie sich die Waffe.
Was sie dazu bewegte, mir so beherzt zu helfen, bleibt mir bis heute ein Rätsel.
Helfen, das war nicht ihre Art.
Das machte sie eigentlich nie, nur, wenn es einen Vorteil für sie geben würde.

Es ging meiner Mutter ganz sicherlich nicht um mich. Wahrscheinlich war es nur wieder ihre Angst vor dem Gerede im Dorf. Dass bloß nie herauskommt, was bei uns zu Hause tatsächlich passierte, war ihr immer ein großes Bedürfnis. Es wurde von ihr immer alles so gut wie möglich vertuscht.

Angeblich hatten wir Kinder doch bei unseren Eltern den „Himmel auf Erden".

Es ging alles so schnell, dass ich kleines Mädchen, es gar nicht so richtig registrieren konnte.

Unsere Mutter rannte die Treppe genauso schnell wieder hinunter, wie sie diese Stufen vorher hinauf hechtete. Sie hielt in der einen Hand die Pistole und mit ihrer anderen Hand zog sie mich, wie in einem Zeichentrickfilm, hinter sich her. Gerade so, als ob mein ganzer Körper jede Treppenstufe berührt, und bis zur nächsten Stufe in der Luft hängt. Wir rannten durch den Gemüsegarten, der gleich neben dem Vorbau angelegt war, und sprangen über den Gartenzaun aufdas Grundstück unserer Nachbarin. Auf dem Weg dorthin rief unsere Mutter bereits unentwegt nach ihr. Zum Glück war das Garagentor unserer Nachbarin geöffnet und es stand kein Auto darin.

In dieser Garage befanden sich unter anderem eine Waschmaschine und eine Gefriertruhe, die ungefähr zwanzig Zentimeter auseinander standen. Der Boden der Garage war aus Beton und über drei Stufen gelang man durch eine Verbindungstür direkt in ihre Küche. Genau diese Tür öffnete sich, und die Nachbarin schaute uns mit großen Augen fragend an, als unsere Mutter erst mich in die Garage schubste und dann die Pistole über den glatten Betonboden schlittern ließ.

Die kam genau in dem Zwischenraum von Waschmaschine und Gefriertruhe zum Liegen.

Noch heute macht mich das Geräusch von Schuhen, die über den Boden schlürfen wahnsinnig, da es sich genau so anhört, wie das Geräusch, die die Waffe beim Rutschen über den Garagenboden verursachte.

Nachdem die Pistole ihren Platz zwischen den beiden Geräten gefunden hatte, dachte ich mir nur: „ Wow, Mama kann aber gut zielen." Es wäre mir damals nie in den Sinn gekommen, dass dieser Treffer ja eigentlich nur ein purer Zufall war. Unsere Mutter ging wieder zurück nach Hause mit den Worten, dass der Alte wieder durchgedreht sei und die Nachbarin auf mich aufpassen solle. Das tat sie auch, ohne mich jedoch nur einmal zu fragen, was eigentlich passiert wäre. Schweigend saß ich in ihrem Wohnzimmer vor dem Fernseher, dem ich allerdings nicht die kleinste Beachtung schenkte und gar nicht mitbekam, was für ein Programm da überhaupt lief.
Einige Stunden später holte mich unsere Mutter wieder ab und nahm mich mit nach

Hause. Auf dem kurzen Heimweg redete sie kein Wort mit mir und brachte mich ohne Umwege sofort in mein Bett.
Dieses stand im Elternschlafzimmer gleich hinter der Zimmertür. Ich sah, dass unser Vater mit dem Rücken zur Tür, schlafend in seiner Betthälfte lag.
Mein Herz klopfte wie verrückt vor Angst in meinem kleinen Körper.
In meinem Bett liegend, achtete ich genau auf alle Geräusche im Zimmer. Unsere Mutter legte sich zu ihm und fing schnell an zu Schnarchen. Sie schlief tief und fest.
Auch unser Vater schnarchte, was mich sehr erleichtert beruhigte. Ich dachte mir, dass, solange er schnarcht, schläft er, und solange er schläft, kann er mich schließlich nicht erschießen.
Es war ein riesiger Schrecken für mich, wenn er für einige Zeit im Schlaf das Schnarchen unterbrach.
Dann war ich sofort wieder hellwach und horchte aufmerksam.

Das war bis dahin die längste Nacht in meinem Leben. Mit ihm in einem Zimmer zu liegen war für mich Psychoterror pur. Panisch schreckte ich bei jedem knarrenden Geräusch

auf. Immer mit der Angst, dass er mit der Pistole in seiner Hand an meinem Bettchen stehen könnte.
Mit der Decke über meinen Kopf gezogen, lag ich nassgeschwitzt, so ruhig ich nur konnte in meinem Kinderbettchen.
Ich machte in dieser Nacht, und den darauffolgenden Nächten, aus Furcht von ihm erschossen zu werden, so gut wie kein Auge zu.
Trotz meiner enormen Angst vor unserem Vater, die durch dieses Ereignis natürlich noch erheblich verstärkt wurde, musste ich, wenn ihm gerade danach war und er mich zu sich rief, auf seinem Schoß sitzen und mit ihm schmusen.
Darauf bestand er.
Auch schon meine Schwester und ich mussten immer lieb zu ihm sein.
Man tat es gezwungenermaßen und innerlich vor Furcht zitternd, um ihn halbwegs bei Laune zu halten.
Umarmend, Küsschen hier, Küsschen da, sein Glied am Po spürend.
Einfach nur widerlich!
Ich wusste, dass ich diesen Vorfall keinesfalls ansprechen durfte, wenn ich nicht noch einmal in diese Situation kommen wollte. Ich

habe bis heute nicht die geringste Ahnung darüber, was ihn zu seiner Aktion trieb. Also schwieg ich und hoffte weiterhin, freilich vergebens, auf eine Besserung unserer familiären Verhältnisse.

Deshalb wollte ich in bester Absicht auch einen entscheidenden Teil zu dieser Verbesserung beitragen.

Eines Abends war ich wieder einmal alleine im Haus.
Das Sandmännchen im Fernsehen, was ich seltsamer Weise regelmäßig sehen durfte, war schon vorbei. Unsere Eltern hielten sich, wie üblich, draußen im Hof auf.
Da mir ja ständig von Beiden versichert wurde, wie ungewollt ich doch war und wie viel Arbeit sie mit mir hätten, versuchte ich voller Schuldgefühle den Beiden mit meinen dreieinhalb Jahren, so viel Arbeit wie nur irgend möglich abzunehmen.
Voller Gewissensbisse war mir völlig klar, dass ich für die Zustände selbst verantwortlich war und glaubte, ich allein bin an allem Schuld.
Daher machte ich mich schon mal bettfertig, in dem ich meinen Schlafanzug anzog und

mir eine Scheibe Brot mit Zucker bestreute. Das konnte ich schon seit einiger Zeit ganz alleine ohne fremde Hilfe machen und war auch mächtig stolz darauf.
Bei uns gab es sowieso nie ein gemeinsames Abendbrot. Mir wurde abends, vor dem zu Bett gehen, immer eine Scheibe Brot in die Hand gedrückt, die ich dann, während des Anziehens der Schlafkleidung, essen durfte. Ich musste mich aber dabei stets etwas beeilen. Denn was ich in dieser Zeit nicht schaffte aufzuessen, wurde wie ein Pausenbrot verpackt und mir ans Bett gelegt. Das allein war schon bemerkenswert denn immerhin wurde es nicht anderweltig entsorgt.
Diesen Rest aß ich dann einfach später auf.
Jeden Abend, bevor ich ins Bett gebracht wurde, bekam ich einen dubiosen Schlafsaft verabreicht. Keine Ahnung, was das eigentlich war.
Ein Medikament?
Ich weiß es nicht.
Vermutlich sollte ich jedenfalls damit ruhiggestellt werden. Denn ich wollte seit dem Vorfall mit der Pistole nicht mehr freiwillig schlafen.

Unserer Hausärztin wurde dieses schreckliche Ereignis natürlich vorenthalten. Ich nehme an, dass unsere Mutter ihr aber sagte, dass ich unter Schlafstörungen leiden würde, und ließ mir bestimmt daher ein Schlafmittel verschreiben.

An diesem Abend dachte ich mir, dass ich diesen Saft schon einmal alleine einnehmen könnte, und somit dann komplett bettfertig wäre. Ich ging also an den Küchenschrank zur Arzneischublade. Die klemmte zwar ein wenig, weil ich unserer Mutter jedoch häufig irgendwelche Tabletten bringen musste, wusste ich genau, wie sie zu öffnen war. Durch das hin und her Ruckeln, mit gleichzeitigem Ziehen und Zerren, konnte man diese Schublade, Stück für Stück aufbekommen. Während ich mich noch mit dem Öffnen dieser widerspenstigen Lade herumplagte, hatte ich, für mein kindliches Befinden, eine einfach geniale Idee:
„Wenn ich mit einem Löffel dieses Schlafsaftes eine ganze Nacht lang schlafe, wie lange schlafe ich wohl, wenn ich die ganze Flasche austrinken würde?"

Sofort kam mir das Märchen von

Dornröschen in den Sinn.
Das hat mir natürlich meine Schwester vorgelesen. Sie las mir abends, wenn es unsere Eltern erlaubten, gerne aus ihrem Schullesebuch etwas vor.
Ich würde mit Sicherheit so lange schlafen, bis ich erwachsen bin, dachte ich mir in meiner Naivität.
War damals aber absolut überzeugt davon.

Ich wusste zu jener Zeit ja bereits, dass meine Mutter, bis zum sechsten Schwangerschaftsmonat mit mir, permanent versucht hatte, mich abzutreiben.
Sie scheute sich nicht ein Wenig mir das laufend aufzutischen.
Mit zwei Stricknadeln wollte sie mich loswerden. „Aber Du gingst ja nicht weg", sagte sie dann immer, wenn sie mir mal wieder von diesen Versuchen erzählte. Und da mich mein Vater doch erst kurz zuvor erschießen wollte, erschien mir dieses Vorhaben äußerst brillant und genial.
Somit wäre ich, für all die nächsten Jahre, keine Last mehr für meine Eltern und könnte dann, als Erwachsene, so richtig mit anpacken. Ich wollte ihnen mit dieser Idee doch nur ernsthaft helfen.

Schließlich müssten sie mich dann endlich einfach lieb haben

Also trank ich, genauso wie von mir geplant, die ganze Flasche Schlafsaft auf einmal leer.

Er war orangefarben und schmeckte sogar richtig gut. Verpackt war die Flasche in einer weiß-blauen Kartonage. Der lieblich süße Geschmack des dickflüssigen Saftes machte es mir nicht schwer, ihn gleich aus der Flasche auszutrinken.

Ich schlief wohl schneller ein als von mir gedacht, denn bis in mein Bett schaffte ich es nicht mehr.
Martina fand mich auf dem Küchenboden liegend, als sie von ihrem Nebenjob als Bedienung in einem Restaurant, nach Hause kam.
Mein Puls war nur noch sehr schwach und ich zeigte keinerlei Reaktion mehr. Martina hob mich, nicht wissend was los war, panisch hoch und versetzte mir ein paar Ohrfeigen, während sie unaufhörlich meinen Namen schrie.
Sie schüttelte mich unentwegt in der Hoffnung, dass ich wieder zu mir kommen

würde. Bei diesem ganzen Geschehen muss sie wohl so laut gewesen sein, dass unsere Mutter aus dem Stall und unsere Nachbarin vom Haus nebenan, angerannt kamen. Mittlerweile hatte es Martina aber geschafft, mich wieder zu beleben.
Unter anderem mit Mund-zu-Mund-Beatmung. Dann nahm sie mich auf ihren Schoß und weinte bitterlich. Ich war völlig benommen und zitterte so stark, dass sogar auch die Beine von Martina hin und her schlackerten.

Unsere Mutter sah uns, drehte sich aber gleich wieder um und wollte sofort wieder zurück in den Stall gehen. Ohne Worte, ohne Fragen, ohne auch nur eine Kleinigkeit zu unternehmen. Für sie war ja alles in bester Ordnung.

Martina und unsere Nachbarin bestanden jedoch darauf, einen Notarzt zu rufen. Nach einer, in dieser Situation wohl völlig überflüssigen Diskussion, willigte unsere Mutter notgedrungen ein, die Hausärztin der Familie zu benachrichtigen.
Die traf auch kurze Zeit später ein und untersuchte mich in unserer Küche. Martina

und die Nachbarin mussten allerdings draußen warten. Zur Sicherheit sollte ich, wenigstens für eine Nacht, ins nahegelegene Krankenhaus gebracht werden. Das lehnte unsere Mutter jedoch ganz energisch ab. Auch das Melden an irgendeine Behörde und das Notieren dieses Ereignisses in meine Krankenakte wurde der Ärztin strikt untersagt.
Unsere Hausärztin war stark alkoholabhängig und erledigte ständig mehr oder weniger angetrunken ihre Arbeit. Damit hatte unsere Mutter alle Trümpfe für eine Erpressung gegen diese Medizinerin in ihrer Hand.
Und so kam es auch, dass dieser Vorfall nie öffentlich wurde. Aus Angst, ihre Approbation zu verlieren, willigte sie in alle Forderungen unserer Mutter ein.
Lediglich die Vereinbarung, dass die Arzneien in Zukunft an einem sichereren Ort aufbewahrt werden sollten, wurde zwischen unserer Mutter und der Ärztin an diesem Abend getroffen.
An diese Abmachung wurde sich jedoch natürlich nicht gehalten.
Mir war damals das Ausmaß dieser Situation gar nicht bewusst. Ich konnte es nicht glauben, dass meine Schwester mir diese,

meine doch so geniale Idee, derart zerstörte. Heute, im Nachhinein, bin ich Martina natürlich sehr dankbar dafür. Sie hat mir mit ihrem schnellen und couragierten Eingreifen mein Leben gerettet.
Ich liebe sie unendlich dafür.
Ich bin mir ganz sicher, meine Mutter hätte mir nicht geholfen. Sie wäre mit Sicherheit nur froh gewesen, einen ihrer „Plagen" einfach los zu sein.
Sie hätte es bestimmt auch noch hinbekommen, meinen Tod als plötzlichen Kindstod darzustellen. Das Mitgefühl der Dorfbevölkerung wäre ihr auf jeden Fall zuteil geworden, und ein jeder hätte diese „arme" Frau bemitleidet. Im Mittelpunkt stand sie immer schon sehr gerne. Was wäre es doch für ein traumhafter Nebeneffekt für die „Alte" gewesen.

Wir beiden Schwestern versuchten, so gut es uns möglich war, ständig aufeinander zu achten. Oftmals stellte sich Martina vor mich und erhielt dadurch die Prügel unseres Vaters, die eigentlich mir zugedacht war.
Ich wollte mich, wenn sich die Gelegenheit bot, natürlich revanchieren.
Und so versuchte ich eines Abends für sie da

zu sein, was mir leider schon aufgrund meines Alters und meiner Größe, gar nicht gelingen konnte.
Ich lag schon in meinem Kinderbett, als ich durchein überaus lautes Rumpeln und panischen Schreien geweckt wurde. Diese Schreie konnte ich meiner Schwester Martina zuordnen und machte mir augenblicklich große Sorgen um sie.
Sofort kletterte ich über die Gitterstäbe meines Bettchens und schlich mich heimlich nach unten.
Da ich aber noch sehr klein war, konnte ich nur ganz langsam die Treppenstufen hinunter gehen. Immer mit beiden Beinchen auf einer Stufe. Mit der einen Hand hielt ich mich an den Stäben des Treppengeländers fest und mit der anderen Hand musste ich meine viel zu große Schlafanzughose laufend hochziehen, um nicht auf ihr auszurutschen. Zudem war es im Flur stockdunkel.
Hinter dem Treppenabsatz wurde es etwas heller, da die Küchentür einen kleinen Spalt offen stand. Durch ihn konnte ich dann leicht hindurchschlüpfen.

Und schon stand ich mitten im Geschehen.

Ich sah, wie unser Vater wie besessen auf Martina einprügelte. Ihre langen, hellblonden Haare waren schon von Blut überströmt. Eigentlich sahen sie aus wie ein einziger Blutklumpen.
Er drängte sie immer weiter in die Ecke hinter der Küchentür, in der sie mehrfach mit dem ganzen Körper abwechselnd gegen den Küchenschrank und dann gegen die Wand prallte.
Immer wieder flehte meine Schwester voller furchtbarer
Angst: „Papa, hör doch bitte auf, bitte Papa. Nicht."
Immer wieder jammerte sie es in Tränen aufgelöst.
„Bitte nicht Papa. Bitte nicht."

Selbst in dieser Situation vergaß sie nicht, auch noch das Wort „ Bitte" zu stammeln.

Ist das nicht Wahnsinn?

Aber er achtete nicht darauf und dachte gar nicht daran aufzuhören.
Mit unkontrollierter Kraft und gnadenloser Härte schlug er auf sie ein.
Während sie taumelnd zu Boden ging, schlug

er weiter völlig außer sich, nun auch noch mit dem Küchenbesen, mit aller Wucht ununterbrochen auf sie ein.
Ihr Blut spritzte nur so und sie lag mittlerweileregungslos, jetzt schon mehr tot als lebendig, auf dem Boden, als er auch noch den Besen mit einem letzten Hieb auf ihrem Kopf kaputt schlug.

Er hörte aber immer noch nicht auf.
Ohne Unterlass trat er nun sogar noch mit seinen Arbeitsschuhen, in denen vorne Stahlkappen eingearbeitet waren, erbarmungslos auf sie ein.
Immer wieder, immer weiter.

Mittlerweile hing ich wie eine Klette mit meinem ganzen Körpergewicht an dem linken Zipfel der Arbeitsjacke unseres Vaters und versuchte ihn, mit all meiner wenigen Kraft, von Martina loszureißen.
Doch es gelang mir natürlich leider nicht.
In seinem Blutrausch bemerkte er das Anhängsel an seiner Jacke nicht einmal.
Dadurch bekam ich natürlich immer wieder seinen Ellenbogen in mein Gesicht oder aber ich rutschte ab und er traf mich mit dem einen oder anderen Tritt und Schlag.

Doch auch das registrierte er gar nicht.
Er war in diesem Moment, wie auch sonst in seiner unvorstellbaren Brutalität, völlig unzurechnungsfähig. Obwohl ich so heftig wie ich nur konnte strampelte, lauthals schrie und weinte, machte er mit seinen brutalen Tritten unbeeindruckt weiter.
Immer weiter.
Erbarmungslos!
Ich hörte, wie Martinas Rippen brachen.
Und er hörte einfach nicht auf.
Trat immer wieder zu.
Zigmal.

Mir wurde klar, dass ich ihn so nicht von ihr wegbringen konnte und ließ seine Jacke los, um mich jetzt irgendwie schützend vor meine Schwester zu stellen.
Seltsamer Weise schaffte es auch unsere Mutterzeitgleich, die auch schon zuvor versuchte ihren Mann von Martina abzuhalten, sich ihm in den Weg zu stellen.
So etwas machte sie sonst nie.
Sie schrie, er solle endlich aufhören bevor er sie noch totschlägt.

Ich bin mir heute sehr sicher, dass sie das nicht tat, um Martina zu retten. Ich glaube

eher, sie tat es, um nicht dabei zu sein, wenn es zum Äußersten käme.
Und dann erst diese vielen Scherereien, die es geben würde. Was würden denn bloß die Leute sagen? Wir wollten doch schließlich immer nach außen hin gut dastehen!

Mit einem Mal, urplötzlich, weiß der Teufel warum, ließ er von Martina ab, drehte sich um und ging zur Tür hinaus.
Wortlos.
Ohne auch nur noch einen Blick auf seine leblos am Boden liegende Tochter zu werfen.
Schluchzend stand ich vor meiner geliebten Schwester, die ohne jegliches Lebenszeichen in der Ecke lag.
Alles war voller Blut. Der Boden, die Wände, Martina. Einfach Alles.
Auch ich.
So, als wenn hier eben ein Schwein geschlachtet worden wäre.

Ebenfalls ohne ein Wort zu sagen, schnappte mich meine Mutter und brachte mich augenblicklich wieder in mein Bett. Dort lag ich dann, weinend und ängstlich in einem Schockzustand, der es mir nicht erlaubte, auch nur einen Mucks von mir zu geben.

Ich weinte mich ganz leise in den Schlaf.
Ich war mir sicher, dass meine Schwester soeben von unserm Vater totgeschlagen wurde.
Grund für diese neuerliche Prügelattacke unseres Vaters war ein Discobesuch von Martina.

Nach vielem Bitten und Betteln wurde es ihr schließlich erlaubt, in die Diskothek des Nachbarortes zu gehen.
Unser Vater erklärte sich sogar bereit, sie zu einer bestimmten Uhrzeit, selbst von dort auch wieder abzuholen.

Und genau das war es!

An diesem Freitagabend war in der Disco nämlich so wenig los, dass die Ladenbesitzer früher als sonst üblich, Schluss machten.
Ein Mädchen aus unserem Dorf, das zufällig auch dort war, ließ sich von ihrer Mutter abholen.
Martina hingegen wollte die ausgemachte Uhrzeit, zu der sie von unserem Vater abgeholt werden sollte unbedingt abwarten, um ja jeglichen Ärger zu vermeiden.

Eine Umbestellung allein hätte ausgereicht ihn sicherlich schon sehr verärgert.
Und das mit unkalkulierbaren Folgen.
So etwas konnte er gar nicht leiden.
Dass Martina warten wollte, war der Mutter des Mädchens jedoch nicht geheuer, war es doch schon recht dunkel, und machte sich deshalb um sie Sorgen.
Sie wollte meine Schwester auf keinen Fall alleine vor dem Lokal zurück lassen.
Mit viel Überredungskunst schaffte sie es schließlich, Martina zum Einsteigen in ihr Auto zu bewegen. Sie würde auch ganz langsam fahren, sodass genügend Zeit verbliebe, das Auto unseres Vaters rechtzeitig zu erkennen. Durch das Aufblinken der Scheinwerfer wollte sie ihm dann signalisieren, dass er anhalten solle, und Martina könnte dann problemlos umsteigen.

Weil ihnen aber kein Auto entgegenkam, brachte die Frau meine Schwester bis nach Hause.

Martina lief sofort in die Küche, in der noch immer Licht brannte, um unserem Vater zu sagen, dass sie schon zuhause sei.

Doch dort traf sie jedoch nur auf unsere Mutter, die überrascht fragte, wo sie denn jetzt herkomme. Meine Schwester wollte es ihr gerade erzählen, als sie den Motor eines Autos hörte. Vom Küchenfenster aus sah sie, wie unser Vater soeben mit seinem Wagen aus der Toreinfahrt hinaus fuhr.
Das konnte nicht gut ausgehen!
Böses ahnend und so schnell sie nur konnte, rannte sie die Treppen im Vorbau hinunter, um ihn noch rechtzeitig zu stoppen.
Aber es war bereits zu spät.
Er fuhr schon die Straße hinunter. Martina lief ihm noch so lange, unter lautem Rufen hinterher, bis sie nicht mehr konnte.
Aber sie schaffte es nicht mehr, ihn aufzuhalten.
Atemlos und völlig aus der Puste kehrte sie um und ging, mit dem Bewusstsein, dass das nicht ohne Folgen bleiben würde, zurück in unsere Küche.
Unter unfassbarer Angst wartete sie am Fenster auf die Rückkehr unseres Vaters und auf das, was auf sie unweigerlich zukommen würde.

Die Bemerkung von unserer Mutter: „Na jetzt kannst Du aber was erleben. Der schlägt Dich

tot", machte das Warten zusätzlich noch unerträglicher.
Normalerweise wäre die „Alte" jetzt gegangen. Unerklärlich warum, blieb sie aber.

Nach einiger Zeit erblickte Martina die Scheinwerfer unseres Autos und sah, wie der Wagen in unsere Einfahrt einbog. Sie bekam von unserem Vater nicht einmal die Chance, den Sachverhalt zu erklären. Ihre Angst, die sie beim Warten auf ihn hatte, zeigte sich mehr als nur berechtigt.
Als meine Schwester nach einiger Zeit wieder zu sich kam, schleppte sie sich nur unter allergrößten Schmerzen die Treppe hinauf in ihr Bett. Dort verbrachte das arme geschundene Mädchen das gesamte Wochenende und noch längere Zeit.
Unsere Eltern machten sich nicht einmal die Mühe, auch nur nach ihr zu sehen.
Sie überließen sie allein ihrem Schicksal.
Und auch ich durfte nicht zu ihr.
Striktes Verbot!
Aber ich wusste nun wenigstens, dass sie es immerhin überlebt hatte.
Knapp überlebt hatte.
Das war sehr erleichternd und nur mit dieser

Gewissheit konnte ich das Wochenende einigermaßen überstehen.
Es war wie ein Wunder!
Sie war nicht tot. Aber geholfen hat ihr niemand.
Man hat sie weder in ein Krankenhaus gebracht, noch wurde der Arzt gerufen.
Ärztliche Hilfe aber hätte sie dringend gebraucht.
Die Verletzungen meiner Schwester waren sehr schwerwiegend. Wieder mehrere Rippenbrüche, wieder zahlreiche Hämatome und diesmal kam noch ein Holzsplitter von unserem Küchenbesen dazu.
Unser Vater schlug damit nicht nur auf ihrem ganzen Körper herum, sondern auch immer wieder auf ihren Schädel ein.
Dieser Splitter befindet sich heute noch in ihrem Kopf. Jedoch so nah am Gehirn, dass man ihn nicht, ohne die Gefahr weitere Schäden zu verursachen, operativ entfernen kann.
Martina konnte sich vor Schmerzen kaum noch rühren. Sie lag einige Tage, teils immer wieder bewusstlos, oben in ihrem Bett.
Ihre Arbeitsstelle hatte sie gedanklich bereits abgeschrieben.
Sie konnte ja nicht wissen, dass unsere

Mutter mittlerweile bei unserer Hausärztin war, eine Krankmeldung ausstellen ließ und diese sogar schon beim Arbeitgeber meiner Schwester abgegeben hatte.
Ein angeblich erneuter unglücklicher Fahrradsturz hätte schwere Verletzungen herbeigeführt. Man muss schon sagen, phantasielos war unsere Mutter keinesfalls, zumal es gar kein Fahrrad gab.
Ohne Martina auch nur einmal zu sehen, geschweige denn sie zu untersuchen, stellte unsere Ärztin diese Krankmeldung aus.
Über mehrere Wochen war meine Schwester nicht in der Lage, ihrer Arbeit nach zugehen. Sie wartete immer in ihrem Zimmer, bis unsere Eltern das Haus verließen, um in den nahegelegenen Hotels das Futter für die Schweine zu holen. Ganz langsam, auf Grund ihres erbärmlichen Zustandes, schleppte sie sich dann nach unten in die Küche, um sich selbst Medikamente und Verbandsmaterial zu besorgen.
Da unserer Mutter, wie sie selbst stets behauptete, ja an allen möglichen Krankheiten erkrankt war, wies unsere Küchenschublade ein breites Band von Arzneimitteln, gegen die unterschiedlichsten Erkrankungen auf. Martina versorgte sich mit

Schmerzmitteln und legte sich, so gut es ihr eben möglich war, einen festen Verband um ihre Rippen an.
Das minderte die Schmerzen beim Liegen und erleichterte ihr ein wenig das Atmen.
Eine Flasche, gefüllt mit Leitungswasser, und etwas trockenes Brot, nahm sie sich mit nach oben.
Nach und nach konnte sie sich auch das mittlerweile schon festgetrocknete Blut aus ihren Haaren waschen. Nur ganz vorsichtig, denn die klaffende Wunde auf ihrem Kopf hätte auf jeden Fall genäht werden müssen und brauchte eine ewige Zeit, um zu zuheilen. Dementsprechend konnte sie nur lauwarmes Wasser benutzen und so behutsam wie irgend möglich, immer nur einzelne Haarpartien reinigen.
So quälte sie sich Tag für Tag. Woche für Woche.

Von unseren Eltern hatte sie keinerlei Hilfe zu erwarten, es interessierte die Beiden weiterhin nicht einmal, wie es ihr ging.
Und so verharrte sie wochenlang in ihrem Zimmer.
Bei diesem Übergriff war Martina schon siebzehneinhalb Jahre alt. Um zu überleben,

war es ihre einzig richtige Entscheidung, unser Elternhaus mit dem Erreichen der Volljährigkeit, zu verlassen.
Bloß weg von hier.
Weit weg.
Je weiter weg, desto besser.
Ich bin davon überzeugt, dass unser Vater sie, vielleicht schon beim nächsten Übergriff, umgebracht hätte.

Den Tag des Abschieds werde ich nie vergessen. Schon Wochen vorher hatte meine Schwester heimlich, einige ihrer Kleidungsstücke und die wenigen persönliche Dinge, die sie besaß, bei einer Bekannten deponiert.
Inzwischen hatte sie einen Freund, der ein paar Wochen zuvor nach Berlin umgezogen war, um alles vorzubereiten.
Dann kam der Tag des Abschieds.
Für mich, wie auch für Martina, einer der schwärzesten Tage unseres Lebens.
Einerseits freute sich Martina, endlich von zu Hause wegzukommen. Von dem Ort, an dem sie nur Leid und Terror erfahren hat.
Andererseits musste sie mich, ihre kleine Schwester, dort zurück lassen.
Weinend lagen wir uns in den Armen und

konnten uns einfach nicht los lassen. Immer wieder zog ich Martina an ihrem Arm und hing mich klammernd an sie, mit der Bitte, mich doch unbedingt mitzunehmen und nicht allein zurückzulassen.

Das alles ereignete sich im Beisein unsere Mutter. Sie unternahm keinerlei Anstrengung, ihre Tochter von diesem Umzug abzuhalten.
Auch für mich brachte sie keine tröstenden Worte über ihre Lippen.
Demonstrativ herablassend meinte sie nur zu Martina: „Du Affe kommst sowieso wieder zurück gerannt."
Meine große Schwester hätte mich so gerne mitgenommen, aber das ließen unsere Eltern natürlich nicht zu.
Ich kann mir nur vorstellen, dass es dafür ausschließlich einen einzigen Grund gab.
Wenn ich auch nicht mehr da wäre, würde ihnen noch die zweite Arbeitskraft im Hause abhandenkommen.
Und nur das musste vermieden werden.
Irgendeine Art von Fürsorge kann es nicht gewesen sein. Denn so etwas existierte bei uns nicht.
Nicht davor und auch nicht später.

So ging Martina hinaus und musste mich zurücklassen.
Es brach uns beiden fast das Herz.
Ich war zwar noch sehr klein, aber dennoch verstand ich schon sehr gut, dass meine Schwester fortgehen musste. Weit weg von unserem Vater, weit weg von unserer Mutter und weit weg von diesem Ort des Horrors, um nun ein anderes Leben zu beginnen, ohne die ständige Angst, den Tag nicht zu überleben.
Martina hatte schon sehr früh den Part unserer Mutter übernommen. Sie fütterte, wickelte und umsorgte mich. Ich verlor mit ihrem Auszug nun meine einzige Bezugsperson. Sie war es, die mich auf den Arm nahm, mich tröstete, mit mir kuschelte und mir all ihre Liebe gab.

Von nun an musste ich mich alleine durchkämpfen.

Auch Martinas Band nahm traurig Abschied von ihr und löste sich zeitgleich auf. „Ohne Martina gibt es uns nicht mehr", sagten sie einstimmig.

Kapitel 9

Rühr das Blut um, damit es nicht gerinnt

Einige Wochen nach dem Auszug meiner Schwester, stand die Schlachtung der Schweine und des Federviehes an. Immer kurze Zeit vor Weihnachten wurden Schnitzel, geräucherter Schinken und Blut- und Leberwurst an die umliegenden Hotels verkauft. Auch Enten und Gänse wurden geschlachtet, gebrüht und gerupft. Es war für mich immer eine ganz schreckliche Tortur. Nicht nur, dass ich im Laufe der Zeit diese Tiere liebgewonnen hatte, nein, es stank zudem fürchterlich und war für mich ein unerträglich anzusehendes Schauspiel.

Geschlachtet wurden unsere Tiere immer im Innenhof, verarbeitet und verwurstet dann im Keller. In diesem Kellerteil befanden sich ein Wasseranschluss, ein Wasserablauf im Boden, und ein Holzofen. Somit war es dort warm und man konnte den Raum leicht, mit Hilfe eines Wasserschlauches, von Blut und anderen Überresten der Schlachtung säubern. Viele Kunden holten ihre Ware selbst ab, und daher musste wenigstens hier immer alles sauber und ordentlich aussehen.

Mit meinen vier Jahren, war auch ich schon gezwungen mitzuhelfen. Schließlich bot man mir ja ein zu Hause an! Um meine, mir zugeteilte Arbeit, verrichten zu können, stellte mir meine Mutter ein Fußbänkchen vor den Ofen. So kam ich, zwar unter großer Anstrengung, an den Rand des riesigen Kochtopfes. Der war gefüllt mit Schweineblut. Dieses hieß es nun umzurühren. Mit einem großen Kochlöffel, den ich sehr schräg halten musste, um mit ihm überhaupt umrühren zu können, vermengte ich nun alles, so gut es mir möglich war. Bedingt durch meine Körpergröße, musste ich, trotz Fußbank, permanent auf den Zehenspitzen stehen. Auch meine, für diese Arbeit eigentlich zu kurzen Arme, erschwerten mir meine Tätigkeit enorm. Und so fing ich nach einiger Zeit an zu weinen.
Ich weiß nicht mehr ob der Grund dafür der Geruch des warmen Blutes war, wovon mir sehr übel wurde, oder ob es die Schmerzen in Beinen und Armen waren.

Jeder kennt diesen Schmerz, der sich einstellt, wenn einem durch die falsche Körperposition die Durchblutung abgeschnürt wird.
So war es auch bei mir der Fall.
Bedingt durch diese Fehlhaltung, schliefen mir Arme und Beine ein und fingen nach und nach zu pieken und zu stechen an.
Aber ich durfte mit dem Umrühren nicht aufhören.
„Du dummes Tier, hör auf mit dem Geheule. Stell Dich nicht so an und rühre das Blut um, damit es nicht gerinnt. Wehe, wenn es gerinnt und wir es wegschmeißen müssen! Dann kannst Du aber was erleben", schnauzte mich meine Mutter an. Also hielt ich durch und weinte ganz leise, damit sie mich ja nicht hörte und zu allem Übel auch noch schlagen würde.

Wie froh ich war, als meine Arbeit getan war, muss ich sicherlich nicht näher beschreiben. Für andere Arbeiten war ich, bedingt durch mein Alter, noch nicht zu gebrauchen. Damit ich nicht im Weg rumstehen würde, erlaubte mir meine Mutter, nach oben zu gehen. Erleichtert ging ich in die Küche und mit der Zeit ging es mir auch wieder etwas besser.

Ich war mir sowieso sehr oft alleine überlassen, und dadurch wusste ich, wie ich mir schon die Zeitvertreiben könnte. In meiner Phantasiewelt lebte ich in einem schönen Land. In meinem Spiel war der Küchenboden das große Meer, das angrenzende „Esszimmer" ein wunderschöner Sandstrand, und aus den Küchenstühlen und einer Wolldecke baute ich mir eine große, geheimnisvolle Höhle.

Selbst unser kleiner Hund Mucki, ein hellbrauner Pekinese, spielte mit. Er war der große Löwe, vor dem man sich höllisch in Acht nehmen musste.

Das wusste Mucki allerdings nicht und wollte immer nur schmusen und kuscheln. Es machte einfach großen Spaß, nur Kind zu sein und unbesorgt spielen zu können. Ich war so sehr in meine Phantasie vertieft, dass ich nicht bemerkte, wann der Metzger, der zu jeder Schlachtung engagiert wurde, zu mir in die Küche kam.

Er saß zumal auf dem Stuhl unseres Vaters. Dieser Stuhl durfte auf keinen Fall in mein Spiel integriert werden, da man nie wusste wann Papa in die Küche kam. Wehe, sein Stuhl hätte nicht auf seinem Platz gestanden. Diesen Fehler machte man nur einmal! Noch sehr gut konnte ich mich an die Schläge erinnern, die ich mir, aus diesem Grund, einige Zeit zuvor einhandelte.

Der Metzger war ein großer, kräftiger, um nicht zu sagen, dicker Mann aus dem Nachbardorf. Ihm fehlten die oberen Schneidezähne und seine kurzen Locken ließen sein Gesicht sehr rund wirken.
Ich mochte ihn ganz und gar nicht.
Er war mir überaus unsympathisch. Ja, ich ekelte mich sogar vor ihm. Vor allem, wenn er mir mit seinen dicken Fingern, die aussahen, als ob sie jeden Moment platzen würden, über meine Wangen strich.
Ein eigenes Auto besaß er nicht. Er fuhr dafür auf einem roten Moped, das ganz schön unter seiner schweren Last zu kämpfen hatte.

Da saß er nun, und machte sich auf dem besagtem Küchenstuhl breit. Er muss schon eine ganze Weile dort gesessen und mich beobachtet haben. Wie lange weiß ich nicht, aber ich erschrak mich doch sehr, als ich ihn dort plötzlich sitzen sah.
Ein Glas Wasser wollte er von mir, und grinste mich an.

Gehorsam stellte ich ihm sein Getränk genau vor ihn auf den Küchentisch.
Er bat mich ganz freundlich, dass ich mich doch auf seinen Schoß setzten sollte.
Auch das tat ich folgsam.
Nun wollte er auch noch einen Kuss von mir.
Zögernd wollte ich ihm diesen, allerdings unter Ekel und Widerwillen, gerade auf seine Wange geben, als er blitzschnell seinen Kopf zu mir drehte und der Kuss auf seinem Mund landete. In diesem Moment war die Angst vor meinen Eltern, die mir immer sagten, dass man das tun muss, was Erwachsene von einem verlangen, kleiner, als der Ekel, den ich vor diesem Mann hatte. Ich versuchte von ihm los zukommen, aber blitzschnell steckte er seine Zunge in meinem Mund, und mit seinen dicken Fingern befummelte er mich überall, auch unter meiner Kleidung.
Am ganzen Körper.
Es war einfach widerlich.
Wo waren meine Eltern?
Warum halfen sie mir nicht?
Haben sie das Verschwinden des Metzgers denn nicht bemerkt?

Diese Fragen sind bis heute nicht beantwortet und werden es auch nie werden.

Nach einer kurzen Schockstarre konnte ich mich dann aber schnell von ihm losreißen und lief aus der Küche.

In meinem Geheimversteck, hinter der Hecke unserer Nachbarin, dicht am Wald, versteckte ich mich.

Von hier aus konnte man ganz gut zu unserem Haus sehen, denn mittlerweile hatte ich schon einige Gucklöcher in diese Hecke gerupft.
Durch meine überstürzte Eile hatte ich jedoch weder Jacke noch Mütze mitgenommen. Ich begann zu frieren und mir wurde von MInute zu Minute immer kälter. Mein ganzer Körper war durch und durch unterkühlt. Ich harrte trotzdem in meinem Versteck so lange aus, bis der Metzger einige Stunden später auf sein Moped stieg und losfuhr.
Erst als er nicht mehr zu sehen war, traute ich mich wieder nach Hause.
Nachdem ich mich am Küchenofen zunächst einmal aufgewärmt hatte, nahm ich meinen ganzen Mut zusammen und erzählte diesen Vorfall meiner Mutter. Anstatt mir zu glauben, mich zu trösten und diesen Menschen zur Rechenschaft ziehen zu wollen,

blockte sie dieses Gespräch kurzerhand ab. „ Du spinnst doch. Wehe Du erzählst diese Lügen jemandem. Dann kommst Du sofort ins Kinderheim."
Das waren die Worte meiner Mutter, die ich zur Antwort bekam.
Aus Angst vor dem Heim, das mir von den Eltern schon öfter als Kinderhölle beschrieben wurde, schwieg ich und erzählte niemandem von diesem wirklich schrecklichen und ekligen Ereignis.

Und so kam der Metzger ungeschoren davon.

Den Auszug meiner Schwester hatte ich mittlerweile akzeptiert.
Es blieb mir ja nichts anderes übrig.
Und die Zeit...

Trotzdem weinte ich mich, aus Sehnsucht nach ihr, jeden Abend ganz leise in den Schlaf.
Aber natürlich verstand ich ihr Fortgehen.
Es wäre nur noch eine Frage der Zeit gewesen, bis der „Alte" sie tatsächlich umgebracht hätte.
Täglich mehr und mehr vermisste ich sie.

Unser Vater wurde mit jedem Tag aggressiver und handgreiflicher. Auch seine Alkohol–und Sexsucht wurden immer unerträglicher. Allabendlich musste ich mit ihm ein Glas Schnaps trinken. Ich war ihm immer sehr dankbar, wenn ich einen Pfirsichlikör und nicht seinen selbst gebrannten Korn trinken musste. Manchmal gelang es mir auch, mich vor diesem abendlichen Ritual zu drücken. Mit meinen fünf Jahren kannte ich schon ein paar Tricks, die es mir möglich machten, mich manchen unangenehmen Situationen zu entziehen.
Jeden Tag, nach dem unser Vater mit dem Essen fertig war, begann ich mit meinem Showprogramm.
Ich trug Gedichte vor, sang die bekanntesten Lieder aus dem Radio nach oder erzählte hingebungsvoll seine Lieblingsmärchen.
Am allerliebsten hörte er das Gedicht von einem Fisch, mit dem Namen „Fasch". Es ist ein sehr langes Gedicht, aber ich konnte es mittlerweile schon im Schlaf auswendig. Ich dachte mir auch tagsüber ganze Theaterstücke aus, die ich ihm dann als „Solokünstlerin" vorspielte.
Immer in der Hoffnung, nur nicht zu patzen.
Denn das wiederum wäre fatal gewesen.

Unser Vater war sehr schnell genervt und wenn mir dann noch ein Versprecher im Text unterlaufen wäre, hätte dieser Abend für mich durchaus böse enden können.
Also gab ich immer mein Bestes.
Wenn er dann, nach einiger Zeit, auf seine Armbanduhr schaute mit dem Satz: „Oh, schon so spät!" Dann wusste ich, dass ich es für diesen Abend wieder einmal geschafft hatte.

Er stand dann von seinem Stuhl auf und schlug nicht den Weg zum Schnapsschrank ein, sondern ging zur Küchentür. Nun war es sicher, dass er in seine Werkstatt geht. Dass er dort Alkohol versteckt hatte, wussten wir alle. Mir war es aber mehr als Recht, dass er dort diese Schnapsreserven plünderte. Hauptsache, ich musste nicht mit ihm trinken.

Dieses Ablenkungsmanöver klappte allerdings nur, wenn er nicht schon genervt von seiner Arbeitsstelle nach Hause kam. Bei schlechter Laune hatte man keine Chance, ihn zu belustigen. Da wusste man schon, dass der Abend gelaufen war und ging ihm noch mehr aus dem Weg.

Immer auf der Hut sein.
So gut es einem nur gelingen konnte.

Wöchentlich standen zu dieser Zeit fremde Paare in unserem Haus, und unsere Eltern vergnügten sich mit ihnen. Eines Abends hatte unsere Mutter wohl keine Lust auf solche Art von Spielchen und setzte sich, nach Beendigung der Stallarbeit, schmutzig, nach Schweinestall stinkend und ungewaschen an unseren Küchentisch.
Da klingelte es auch schon an der Haustür. Unser Vater, der in diesem Moment frisch gebadet undreichlich parfümiert, die Kellertreppe herauf kam, öffnete die Tür in einer gespielten aber überaus charmanten Art. Mit funkelnden, vor Vorfreude auf das Kommende, und leuchtenden Augen, ließ er die Besucher herein.
Ein kleiner dicklicher Mann und eine große rothaarige Frau, kamen zusammen mit unserem Vater in die Küche.
Das Paar sah sehr gepflegt aus und war überaus liebenswürdig. Sogar ich, die das Geschehen vom „Esszimmer" aus beobachtete, wurde von ihnen mit einem Händedruck begrüßt. Getarnt mit Fernsehschauen, schnappte ich doch das eine

und andere Wort auf.
Zum Beispiel, wo es denn stattfinden würde, ob die Kleine auch dabei sein würde und das Wort „Partnertausch" konnte ich mithören.
Mit diesem Wort konnte ich damals aber gar nichts anfangen.
Tauschen?
„Gut, geht Mama halt mit dem Mann weg und die rothaarige Frau bleibt hier.
Ist sie halt jetzt meine neue Mutter, auch egal", dachte ich mir halt.
Nachdem die Vier gemeinsam Kaffee getrunken hatten, lehnte das Paar jedoch eine nähere Zusammenkunft mit unseren Eltern sehr höflich ab. Als Grund nannten sie den Anblick und den Geruch meiner Mutter.
Die hatte damit ihr Ziel erreicht.
Auch die Zusicherung meines Vaters, dass seine Frau sofort ein ausgiebiges Bad nehmen würde, konnte die Gäste nicht mehr umstimmen. Die Besucher verabschiedeten sich sehr freundlich und verließen wieder unser Haus.

Weil sich unser Vater doch so sehr auf diesen Abend freute, unsere Mutter ihm diesen Spaß aber verdorben hatte, musste sie natürlich nun dafür büßen. Sogar ich, die doch keinerlei Schuld an diesem verpatzten Abend hatte, musste bei der anstehenden Bestrafung mithelfen.

Nachdem er zuerst wie verrückt auf unsere Mutter einprügelte und sie wüst beschimpfte, verließ er die Küche. Wer jetzt denkt, dass das schon alles war, der wird nun eines Besseren belehrt.
Sie war von der Prügelattacke unseres Vaters sichtlich mitgenommen und wimmerte, so wie Martina und ich schon oft nach seinen Attacken wimmerten, sie aber nie ein tröstendes Wort für uns fand.
Dennoch hatte ich ein wenig Mitleid mit ihr und versuchte ihr, so gut es ging, zu helfen.
Plötzlich ging die Küchentür auf, und mein Vater stand mit viel Getöse in der Küche. In seiner Hand hielt er die Leine unseres Schäferhundes Sascha, der gleich hinter seinem Herrchen zur Tür herein kam. Zu beschreiben, was sich dann abspielte, fällt mir heute noch irrsinnig schwer, aber ich will es versuchen.

Er verlangte, dass sich unsere Mutter auf den Küchentisch legen sollte, und unser Vater versuchte, Sascha in die richtige Stellung zu

bringen, sodass er sie ohne Anstrengung bespringen konnte. Dieses abartige Vorhaben missglückte jedoch, weil der Küchentisch für den Hund etwas zu hoch war.
Fassungslos und zutiefst erschrocken über das, was sich da vor meinen Augen abspielte, versuchte ich nicht in Ohnmacht zu fallen und umzukippen. Immer wieder bemühte sich unser Vater, den Hund mit seinen Vorderpfoten auf die Tischplatte zu hieven, während ich dafür zu sorgen hatte, dass Sascha nicht wegläuft.
Ich stand also an der Stirnseite vom Küchentisch und versuchte, so krampfhaft wie möglich, unseren Hund mit der Leine festzuhalten. Meine Finger liefen schon blau an, weil mir die Leine, die ich mir mehrfach um die Hand gewickelt hatte, das Blut abschnürte.
Unser Hund zeigte aber keinerlei Interesse, den Befehl seines Herrchens zu befolgen. Das führte dazu, dass der Vater abwechselnd auf Sascha, auf seine Frau und auch auf mich einschlug.
Ich redete unserem Hund ständig gut zu und hielt ihn mittlerweile schon an seinem Halsband fest, damit er mir ja nicht ausbüchsen konnte.

Die perversen Ausdrücke, die während dieser ganzen Handlung von meinem Vater geschrien wurden, möchte ich an dieser Stelle gar nicht wiederholen, so schlimm und vulgär erscheinen sie mir noch heute.
Den Schlüpfer riss unser Vater gewaltsam vom Körper unserer Mutter, während sie sich die Kittelschürze nach oben, bis zu ihrer Brust ziehen musste.

Dieses Gebrülle meines Vaters, das Geheule meiner Mutter und das laute Bellen von Sascha gingen mir durch Mark und Bein.
Dazu die Angst, was passieren würde, wenn ich es nicht schaffe, den Hund weiterfest zuhalten?
Was, wenn er mir wegläuft?
Aber auch die Vorstellung, wenn es denn doch noch klappen und der Hund seinen Auftrag erfüllen würde.
Könnte ich mir das ansehen?
Würde ich, kleines Menschlein, diesen Anblick jemals verkraften?

Meine Mutter lag mittlerweile breitbeinig, mit angewinkelten Beinen und untenherum entblößt, genau vor mir.

Auch dieses unwürdige Bild werde ich mein ganzes Leben lang nicht vergessen!

Trotz meines jungen Alters, wusste ich schon sehr wohl was Sex ist. Dafür sorgte mein Vater, mehr als genug, mit seinen zahlreichen Erzählungen darüber. Es gab in unserem Haus auch genügend Lektüre, sprich Pornographie, die immer sehr gut im Elternschlafzimmer ausgebreitet in Fülle herum lag.

Dennoch war mir sofort bewusst, dass diese Situation alles andere als normal war.

„Mensch und Tier, wie kann das sein?", dachte ich mir.
„Das ist doch nicht normal, das darf doch nicht sein!"

Mir war völlig klar, dass diese Aktion nicht rechtens war.

Meine Gefühle an diesem Abend kann ich mit Worten unmöglich beschreiben! Auch jetzt noch, während ich diese Zeilen schreibe, kann ich meine Tränen nicht zurückhalten. Zu sehr haben sich diese abartigen Bilder in mein Gedächtnis gebrannt.

Zu allem Übel kann ich dieses Vorhaben meines Vaters nicht einmal seinem Alkoholkonsum anlasten. Er war zu diesem Zeitpunkt, da er ja einen „schönen Abend" mit seinen Gästen verbringen wollte, vollkommen nüchtern.
Diese Aktion verdeutlicht aber meinem Empfinden nach ausdrücklich die Sexsucht und die Abartigkeit unseres Vaters. Und das auf extremster Weise.

Nach langem hin und her war es ersichtlich, dass der Plan diesen perversen Vorhabens, nicht aufgehen würde. Wutentbrannt prügelte mein Vater unseren Hund aus der Küche hinaus. Ich lief sofort nach oben, legte mich in mein Bett und zog mir, wie schon so oft, meine Decke über den Kopf. Schockiert über das gerade Erlebte, hörte ich noch eine ganze Zeit lang das Jaulen des armen Schäferhundes. Jetzt war er an der Reihe und wurde von meinem Vater für seine „nicht erledigte Arbeit" mit Prügel bestraft.
Er ließ seinen gesamten Frust an diesem armen Tier aus, das trotzdem täglich seinem Herrchen gehorchte und ihm weiterhin treu

zur Seite stand.

Mehrmals in der Woche fuhren unsere Eltern die nahegelegenen Hotels und Restaurants ab, um dort die angefallenen Küchenabfälle für unsere Schweine abzuholen. Weil sie sich schon seit mehreren Jahren mit dem Verkauf von hausgemachter Wurst und selbstgeräuchertem Schinken ein zusätzliches finanzielles Standbein aufgebaut hatten, wussten sie genau, welche Gastronomiebetriebe froh über die Abholung der Abfälle waren.
Dadurch entstand mit der Zeit eine feste Route, die von unseren Eltern regelmäßig abgefahren wurde.
Die Köche sammelten die nicht mehr verwertbaren Lebensmittel und Essensreste der Gäste in großen Eimern oder Tonnen, die dann vom Vater ins Auto geladen wurden. Im Gegenzug stellten sie wieder leere Behältnisse dort ab. Mittlerweile wardas schon Routine und alle waren ein eingespieltes Team.
Der Mief, der sich aber jedes Mal in unserem Auto breit machte, war alles andere als appetitlich. Ehrlich gesagt, stank es dermaßen, dass mir mehr als einmal so

richtig schlecht wurde.
Kotzübel!
Besonders in der Sommerzeit.
Dieser säuerliche, abgestandene und verschimmelte Geruch hielt sich über Stunden hinweg im Wagen.
Obwohl, Wagen ist eigentlich zu hochgestochen formuliert. Rostlaube trifft hier wohl eher zu. Ebenso wie unsere Kleidung und alle Möbel im Haus, sahen auch die Fahrzeuge unseres Vaters aus.
Kaputt, schrottreif und alles andere als verkehrstauglich. Immer kurz vor dem „Ablauf der TÜV-Plakette" kaufte er sie äußerst günstig von Bekannten und fuhr sie dann bis zur zwangsläufigen Stilllegung.
Oftmals hatten sie nicht einmal eine Rückbank und ich musste dann vorne auf dem Schoß meiner Mutter sitzen.
Sicherheitsgurte waren gar nicht erst vorhanden. Nun ja, ihren Zweck erfüllten die Fahrzeuge. Es war auch nicht so ärgerlich, wenn das Futter in den Kübeln überschwappte und sich im ganzen Kofferraum verteilte. Auch die vielen Roststellen am gesamten Auto waren enorm.
So war der Fußraum auf der Beifahrerseite teilweise nicht mehr vorhanden. Auch die

Fußmatte, die der „Alte“ an dem wenigen noch vorhandenem Restboden befestigte, hielt das aufgewirbelte Regenwasser nicht ab, das sich seinen Weg durch eben diesen Fußraum suchte.
Und selbstverständlich auch fand.
So hatte ich oftmals triefend nasse Füße, obwohl ich im Auto saß.
Viel wichtiger jedoch war die Vorsicht, die man beim Einsteigen aufbringen musste, um nicht samt Fußmatte durch den Fußboden des Autos zu krachen.
Man musste sich stets daran erinnern, dass darunter ja nichts war.
Auf dieser Rundfahrt, so nannten es unsere Eltern immer, hielten wir auch an verschiedenen Häusern an, in denen aber ganz offensichtlich keine Essensreste für uns gesammelt wurden. Manchmal war mir solch ein Haus schon bekannt, weil wir dort schon des Öfteren geparkt hatten. Dann lief es immer gleichermaßen ab. Meine Mutter und ich warteten im Auto, während der Vater ins Haus ging. Einige Zeit später kam er dann wieder heraus, und oftmals konnte man noch sehen, wie er seinen Reißverschluss an seiner Hose hochzog.

Auf der Weiterfahrt erzählte er dann stolz und überglücklich, in seinem üblichen vulgären und obszönen Umgangston, alle Einzelheiten seiner „Einkehr." Ihn scherte es nicht, ob wir diese Details überhaupt hören wollten.

Ich kannte schon in diesem Alter bereits Ausdrücke, von deren Existenz manch Erwachsener keine Kenntnis hat.
Der Bedeutung war ich mir damals allerdings noch nicht bewusst, nur, dass es keine Ausdrücke für den alltäglichen Gebrauch waren, das war mir völlig klar.

Die gute Laune, die mein Vater nach diesen häuslichen Besuchen hatte, war jedoch keine Garantie dafür, dass diese Rundfahrt problemlos weiter verlaufen würde.
Nicht genügend entgegengebrachte Aufmerksamkeit für seine Erzählungen, das fehlende Lob über seine vorhergehende„erbrachte Leistung" oder einfach nur die angelaufenen Autoscheiben, sorgten für den abrupten Wechsel seines Gemütszustandes und damit auch schlagartig seiner Laune.

Wir hätten doch die Scheiben mit voller Absicht vollgehechelt, damit er nichts mehr sehen kann, warf er uns dann vor.
So ein Blödsinn!
Natürlich laufen die Autoscheiben an, wenn zwei Personen in einem parkenden Auto sitzen. Wetterbedingt ist das nun mal unumgänglich. Die normale Atmung reicht dafür natürlich vollkommen aus.
Während er rumbrüllte schlug er dann wie wild auf mich und meine Mutter ein. Egal ob mit seiner flachen Hand, dem Ellenbogen oder seiner Faust, geradeso wie es für ihn am bequemsten war.

Kam uns dann aber ein Fußgänger oder ein Auto entgegen, hörte er sofort mit den Schlägen auf und zog höflich seinen Hut, lächelte und grüßte überaus freundlich. So spielte er allen anderen, die uns kannten, immer ein heiles Familienleben vor. Niemand sollte schließlich auf irgendeinen dummen Verdacht kommen, dass hier etwas wirklich nicht stimmen könnte. War niemand mehr in Sicht, schlug er mit beiden Fäusten auf das Lenkrad und weiter auf uns ein.

Mehr als einmal stieg ich mit blutender Nase

oder blutenden Ohren aus dem Auto. Bevor ich dann in mein Zimmer gehen durfte, musste ich vorher noch mein Blut von der Scheibe der Beifahrerseite wegputzen. Weil mein Kopf durch die Schläge immer wieder an die Seitenscheibe prallte und ich mir dabei Platzwunden im Gesicht und am ganzen Kopf zuzog, war sie oft blutverschmiert.

Meine Mutter war während dessen mit dem Ausladen der Eimer und Tonnen beschäftigt und mein Vater verschwand wieder in seiner Werkstatt. Lediglich zur Begutachtung der geputzten Scheibe kam er nach einiger Zeit aus seinem Domizil heraus. Wenn sie, nach seinem Maßstab, sauber genug war, gab es nur einen Tritt gegen meinen Körper. Egal wohin, was er denn gerade traf. Mit den Worten: „ Mach Dich aus meinen Augen, verschwinde", war die Sache dann für ihn erledigt.
Wenn er jedoch nicht zufrieden war, wurde es im Innenhof, bei verschlossener Hoftür, erst richtig ernst.
Schläge, Tritte, Handgreiflichkeiten jeglicher Art musste ich dann erneut über mich ergehen lassen.

Dennoch ließ er aber jedes Mal früher von mir ab, als er es damals bei Martina tat.

Nie war ich besinnungslos.
Nie prügelte er mich halb tot.

Warum? , frage ich mich.
Was hat ihn davon abgehalten?
Hat er sie so sehr gehasst?
Noch viel mehr als alle anderen?

Gerne würde ich ihm noch diese Fragen stellen und die Antworten von ihm hören.

Kapitel 10

Wenn das Kindchen kein Messer hat

Wie bereits erwähnt, waren nicht nur unsere Möbel und auch unser Auto total verschlissen, sondern auch unsere Kleidung. Wie schon bei Martina, einige Jahre zuvor, besaß auch ich nur geschenkte, abgetragene und viel zu große Kleidungsstücke. Jeden Tag schämte ich mich dafür, wusste ich doch nur zu genau, dass mich in meiner Schule wieder alle Kinder deswegen auslachen und hänseln würden. Alleine der Gedanke daran, macht mich bis heute noch traurig aber auch wütend auf meine Mitschüler und vor allem jedoch auf meine Eltern.
Warum mussten sie mich absichtlich einer solchen Situation aussetzen? Ich hätte nicht einmal neue oder gar teure Kleidung verlangt.
Ganz bestimmt nicht.
Ich wusste ja, dass das Geld knapp war und viel davon für den Alkohol des Vaters gebraucht wurde.
Wenn die alten Klamotten doch wenigstens nur etwas gepasst hätten, und nicht alles vier

Nummern zu groß gewesen wäre.
Und meine Mitschüler?
Die machten sich laufend über mich lustig, verspotteten mich und verletzten mich somit tief in meinen Gefühlen.
Und ich konnte doch absolut gar nichts dafür.
Jeder neue Tag war wie ein Spießrutenlauf.
Es fing schon mit meinem Schulranzen an, der auch wieder einmal ein Geschenk von Bekannten war und schon mindestens zwanzig Jahre und mehr auf seinem Buckel hatte. Aber ich versuchte jeden Tag neu zu meistern und das Beste daraus zu machen.
Mal gelang es mir mehr, mal weniger.
Aber im Endeffekt schaffte ich es; blieb mir doch nichts anderes übrig.
Ich habe heute noch die Stimme eines Mitschülers in meinem Kopf, der öfter den Lehrer mit den Worten: „ Herr Lehrer, die Sabine weint wieder", auf mich aufmerksam machte.
Ja, ich weinte oft.
Einfach so.
Erdrückt von der Last meines Elternhauses, der schulischen Situation, meines doch so erbärmlichen Daseins.
Ich saß an meiner Schulbank und die Tränen kullerten nur so hinunter. So sehr ich mich

auch bemühte, sie zurück zu halten, es gelang mir nicht.
Mehrmals in der Woche stand der Lehrer ratlos neben mir und wusste sich nicht mehr zu helfen.
Er schob es auf meine sehr sensible Art und die Tatsache, dass ich die absolute Einzelgängerin sei. Das teilte er schließlich auch meinen Eltern mit, die sich aber, wer hätte es anders gedacht, in keinster Weise dafür interessierten.
Ihre anderen Kinder seien genauso gewesen und trotzdem wäre aus jedem etwas geworden, war die Antwort, die sie meinem Klassenlehrer gaben.
Vielleicht war es wieder ein solcher Tag, der ein paar wenige Mädchen aus meiner Klasse dazu veranlasste, sich in der Pause doch mal mit mir abzugeben.
War es Mitleid über meine Tränen?
Ich weiß es nicht.
Ich weiß nur, dass ich überglücklich darüber gewesen bin, dass man mal mit mir sprach und war in diesem Moment auch mutig genug, sie zu meinem kommenden Geburtstag einzuladen.
Ich packte sozusagen die Gelegenheit beim Schopfe.

Bis dahin waren es zwar noch ein paar Wochen Zeit, aber wer weiß, wann ich wieder eine solche Gelegenheit bekommen würde, dachte ich mir.
Das war meine Chance, ihnen zu zeigen, wie ich wirklich war. Wer ich wirklich war.
Nämlich nett, hilfsbereit und eine treue Freundin.

Das Datum meiner Geburt erfuhr ich nicht etwa von Vater oder Mutter, was wohl völlig normal wäre. Ich erfuhr es von meiner Schwester Martina. Sie dachte auch immer daran und vergaß nie den Tag. Im Gegensatz zu den Eltern, die niemals daran dachten.

Geburtstage?
Auch nur Quatsch!

Täglich bettelte ich nun aber für eine Geburtstagsfeier an meiner Mutter herum. Aber auf diesen Tag legte weder sie noch unser Vater besonderen Wert, um nicht zu sagen: Gar keinen.

Als unerwünschte und total überflüssige Objekte, die wir Kinder in den Augen unserer Eltern ja nun einmal waren, wurde an solche

Tage natürlich nicht gedacht, geschweige denn gefeiert. Wenn überhaupt, dann nur im schlechtesten Sinne.
„Wärst Du doch nur verreckt, als Du zur Welt kamst," oder, „Du warst doch nicht gewollt," oder, „Du hirnamputierte dreckige Sau."

Das waren die Sätze, die man an solchen Tagen noch öfter als sonst schon zu hören bekam.

Eigentlich unvorstellbar, aber verdammt bittere Realität. Man sollte es ja schließlich nicht vergessen. Da bot sich ein solcher „Ehrentag" vorzüglich dazu an. Eben Ihre Art, zu gratulieren.

Nach wochenlangem Betteln, erlaubte es mir meine Mutter schließlich doch noch drei Mädchen einzuladen.

Die darauf folgenden Tage verbrachte ich voller Vorfreude nur noch mit der Planung meines Geburtstagsfestes.
Ich wurde bald sieben Jahre alt.
Meine erste Feier. Unbegreiflich!
Ich konnte es gar nicht erwarten. So etwas gab es noch nie!

Darum sollte alles so perfekt wie möglich sein.
Kuchen, Naschzeug, Getränke, alles sollte vorhanden sein.
Auch Spiele wollte ich mit den Mädchen spielen.
Ich hatte mir bereits eine lange Liste angefertigt.
Eierlauf, Topfschlagen, blinde Kuh, um nur einige Spiele zu nennen.
Ein richtig schöner Kindergeburtstag.
Immer wieder fragte ich hoffnungsvoll bei meinen Eltern nach, ob auch wirklich alles klappen würde und wir auch wirklich genug Geld für meine Feier hätten.
Jedes Mal bejahten sie es und versicherten mir, dass unser Geld dafür schon reichen würde.
Es war so unfassbar für mich. So etwas gab es noch nie bei uns zu Haus.

Dennoch machte ich mir ahnungsvoll große Sorgen darüber, dass es doch nicht klappen könnte. Zu oft schon hatten mich meine Eltern enttäuscht. Nie wurde von unseren Eltern etwas Schönes für mich oder meine Geschwister gemacht. Und nun gleich eine ganze Feier?

Ich konnte es einfach nicht glauben und Tag für Tag fragte ich bei ihnen nach.
Erst als sie mir Schläge androhten, wenn ich sie noch weiter nerven würde, beendete ich meine Fragerei und hoffte nur noch auf das Beste.
Ich dachte selbstverständlich auch an schöne Einladungskarten für meine Klassenkameradinnen. Aber die hatte ich natürlich nicht. Auch Material, um selbst welche basteln zu können, besaß ich nicht. So etwas gab es in unserem Hause nicht. Also musste auch eine mündliche Einladung ausreichen.
Gerne hätte ich so schicke Umschläge verteilt, wie ich es schon oft bei den anderen Kindern gesehen hatte. Aber die Tatsache, überhaupt meinen siebten Geburtstag feiern zu dürfen, machte mich schon überglücklich.
Auch bei den Mädchen fragte ich immer wieder nach, ob sie auch wirklich kommen würden.
Jedes Mal versicherten sie mir, dass sie ganz bestimmt kämen.
Dann war es endlich so weit.
Mein großer Tag.
In der Schule sang meine Klasse zum ersten Mal überhaupt, sogar, wie bei jedem anderen

Klassenkind üblich, ein Geburtstagslied zu meinen Ehren.
Das letzte Mal, dass man für mich ein Geburtstagsständchen sang, war noch im Kindergarten.
Ich war so glücklich und gerührt.
Auch weinen musste ich an diesem Tag nicht.
Alles war gut.
Ich konnte es kaum noch erwarten, endlich nach Hause zu kommen, um bei den Vorbereitungen zu helfen.
Nach Schulschluss stieg ich voller gespannter Ungeduld und Freude in den Bus ein, und wartete in totaler Aufregung auf die Abfahrt.
Der Schulbus fuhr genau an unserem Haus vorbei, und ich konnte sehen, dass unser Auto nicht in der Einfahrt stand.
Das war zwar nicht unüblich, aber für den heutigen Tag wahrscheinlich kein besonders gutes Vorzeichen. Doch schon etwas beunruhigt, lief ich dann von der Haltestelle nach Hause.
Und tatsächlich, es war niemand da.
Weder mein Vater noch meine Mutter waren zu Hause!
Es war natürlich nichts vorbereitet und es sah aus wie immer.
Schmutzig, unaufgeräumt und total

verwahrlost.
Dabei hatte es mir meine Mutter doch ausdrücklich versprochen. Alles sollte sauber, aufgeräumt und schön sein.

Ich hätte es doch eigentlich schon besser wissen müssen. Es wäre ja durchaus eine komplette Renovierung nötig gewesen, um das so hinzubekommen.

Es war bereits kurz vor dreizehn Uhr. Meine Gäste, die drei Mädchen, sollten in einer Stunde kommen.
Ich fing also sofort damit an, so gut es ging, Ordnung zu schaffen.
Frühstücksgeschirr der Eltern abräumen und zusammen mit dem gestrigen Geschirr zu spülen. Das kostete mich viel Zeit. Denn die Essensreste waren mittlerweile so stark in den Kochtöpfen verkrustet, dass es mir nur mit viel Mühe gelang, diese Töpfe sauber zu bekommen. Aber ich schaffte es. Ich konnte sogar noch aufräumen und Staubsaugen.
Immer wieder schaute ich aus dem Küchenfenster, immer in der Hoffnung, dass meine Eltern endlich kommen würden.

Aber nein!

Weder sie, noch der Geburtstagskuchen, noch Süßigkeiten, noch Getränke, waren da. Zum Staubwischen reichte meine Zeit leider nicht mehr aus. Die Mädchen waren tatsächlich pünktlich und standen vor der Haustüre.
Hin- und hergerissen wusste ich jetzt nicht genau, ob ich mich freuen oder schämen sollte.
Aber ich freute mich erst einmal, denn ich glaubte immer noch fest daran, dass meine Eltern jeden Moment mit allen Geburtstagsutensilien vorfahren würden.

Eigentlich redete ich es mir aber nur noch selbst ein, denn ehrlich gesagt, war mir in diesem Augenblick durchaus klar, dass sie nicht kommen würden.
Ich ließ die drei Mädchen, die eigentlich von ihren Eltern ein striktes Verbot hatten, sich mit mir, als asoziales Pack, abzugeben, in unser Haus.
Jede hatte sogar ein kleines Geschenk für mich dabei.
Weil sie ja nur heimlich hier sein durften, konnten sie natürlich nur eine Kleinigkeit zu Hause stibitzen, um sie mir zu schenken.
Ein Mädchen hatte eine Tafel Schokolade für

mich, die andere eine Packung Kekse und die Letzte schenkte mir ein paar Buntstifte mit einem schon teilweise ausgemalten Malbuch. Das war mir aber völlig egal. Hauptsache war, dass meine Gäste tatsächlich endlich da waren.
Über die Aufmerksamkeiten habe ich mich aufrichtig und riesig gefreut. Schließlich gab es nie irgendetwas von den Eltern. Auch nicht zu Weihnachten oder eben zum Geburtstag.
Wir gingen in die Küche und während ich weiterhin auf die Ankunft meiner Eltern hoffte, schauten sich die Mädchen sichtbar entsetzt um.
Wie sieht es denn hier aus?
Du wohnst aber nicht schön!
Warum habt ihr denn solche kaputten Möbel?
Habt ihr so wenig Geld?
Das waren nur einige ihrer Sätze, die sie spontan völlig fassungslos spontan von sich gaben.
Eigentlich waren sie, im übertragenen Sinne, einfach nur sprachlos über den Anblick, der sich ihnen hier bot.
So etwas Verwahrlostes, Heruntergekommenes, Dreckiges und Vermieftes haben sie bestimmt noch nie zuvor zu Gesicht bekommen. Und ich hatte,

so schnell es eben ging, das Schlimmste schon weggemacht. Ich kann mir gut vorstellen, dass sie auch danach nie wieder etwas Vergleichbares sahen.
Wen würde es wundern? Mich überhaupt nicht!
Wohnten sie doch mit ihren Eltern in schönen, gepflegten Häusern, in denen sie liebevoll aufwachsen konnten.
Eine solche Kindheit, die meine Geschwister und ich durchlebten, konnten diese drei Kinder nicht einmal erahnen.
Ein Mädchen demonstrierte mir dann, wie gut sie schon schreiben konnte, und schrieb mit ihrem Finger das Wort „Sau" auf den staubigen Bildschirm unseres alten Fernsehgerätes. Genauso, wie man es auch mal auf besonders dreckigen Autos sieht.
Manchmal trifft dieses Wort sinnbildlich den Kern und lässt auf den Besitzer ja durchaus Rückschlüsse zu. Bei uns jedenfalls tat es das.
Ihren staubigen Finger hielt sie dann lachend in die Luft und fragte spöttisch, wann denn jetzt die Party endlich losginge.
Alle lachten. Nur ich nicht.
Mir war nun wirklich nicht mehr zum Lachen zu Mute.

Sie warfen mir vor, dass ich sie doch nur herlocken wollte und gar keine Feier stattfinden würde. Und schon gleich kippte die Stimmung, und sie wurden richtig böse. Als sie dann ziemlich sauer nach Hause gingen, war ich sogar schon ein wenig erleichtert.
Jetzt konnte ich endlich meinen Tränen freien Lauf lassen. Ich setzte mich an den Küchentisch und fing bitterlich an zu weinen. Ich schämte mich so sehr. Und dann doch auch diese Blamage. Dieses Fiasko.
Und ich dumme Kuh hatte mich so doll gefreut.

Vielleicht kommt hier bei dem Einen oder Anderen der Gedanke auf, dass ein Geburtstag doch nicht so wichtig ist, und dass ich mich doch nicht so anstellen soll. Aber es geht mir gar nicht so sehr um die Feier an sich. Ich war es gewohnt, dass man um mich kein großes Aufsehen machte. Es geht mir viel mehr um die Enttäuschung, die ich, wie schon so oft, erleben musste. Das Vertrauen, dass ich wider besseren Wissens meinen Eltern erneut entgegenbrachte. Und wieder einmal schafften sie es, mich bloß zustellen, mich zu blamieren und mein

Selbstwertgefühl, das sowieso, wenn überhaupt, nur minimal vorhanden war, weiter schrumpfen zu lassen.

Einige Stunden später kamen endlich meine Eltern wieder nach Hause.
Ohne Kuchen, ohne Süßigkeiten, ohne Getränke.
Ohne Geburtstagsgeschenk.
Noch nicht einmal gratuliert haben sie mir.
Mein Vater kam gar nicht erst ins Haus hinein, sondern verschwand gleich in seiner Werkstatt.
Als ich meine Mutter fragte, warum sie nicht da war und wo sie denn waren, bekam ich nur die Antwort: „ Das geht Dich einen Scheißdreck an."
Ich fragte dann zu allem Überfluss noch, was denn nun mit meiner Geburtstagsfeier sei und meine Mutter sagte
nur: „ Ach, war das heute? Hab' ich vergessen."

Das war alles!

Dass ich aufgeräumt, gespült, und staubgesaugt hatte, wurde erst gar nicht bemerkt noch irgendwie honoriert.

Das war selbstverständlich.
Wer soll es denn sonst machen?

Die Beschriftung auf dem Fernseher hatte ich jedoch in meiner Verzweiflung komplett vergessen.

Als meine Mutter am Abend das Gerät einschaltete und total empört die Schmiererei entdeckte, schnappte sie sich den großen Kochlöffel aus der Schublade und verprügelte mich damit so lange, bis er zerbrach und schließlich nichts mehr von dem „Knüppelersatz" übrig blieb.
Damit niemand meine blauen Striemen am Körper und die Platzwunden im Gesicht sehen sollte, schrieb sie mir für die Schule, wie immer, eine Entschuldigung.

So bekam ich an meinem siebten Geburtstag nicht nur keine versprochene Feier, sondern abgesehen von dem Spott und der Erniedrigung der Mädchen, stattdessen eine heftige Tracht Prügel.
Dieses wunderbare „Geschenk" macht einen Geburtstag natürlich auch unvergesslich. Für ein ganzes Leben.

Nach Peters Tod lastete nun die ganze finanzielle Last seiner hinterlassenen Schulden und Verbindlichkeiten auf uns.
Ich schreibe bewusst auf 'uns', denn nicht nur unsere Eltern, sondern auch ich musste diese schwierige Situation ausbaden.
Unser Vater erlitt einige Monate nach dieser ganzen Tragödie einen Herzinfarkt, was dazu führte, dass er als Sprengstofffahrer nicht mehr geeignet war. Um diesen transportieren zu dürfen, benötigt man nämlich einen körperlich absolut einwandfreien Gesundheitszustand.
Und dieser war nach dem Infarkt einfach nicht mehr gegeben.
Er wäre mit diesem Transportgut nun ein öffentliches Risiko im Straßenverkehr, stand in dem Brief, den er von seinem Chef bekam.
Sein Arbeitgeber beschäftigte ihn aber ersatzweise als Magazinverwalter weiterhin in der Firma. Der Verdienst für diese Tätigkeit war jedoch so minimal, dass er nicht einmal mehr für die monatliche Darlehensrate, die aus der Bürgschaft für seinen Sohn resultierte, ausreichte. Geschweige denn, für die laufenden Kosten, wie zum Beispiel Strom, Wasser, Versicherungen usw.
Es kam eine wirklich noch härtere Zeit auf

uns zu.
Dazu kam der Alkoholkonsum unseres Vaters.
Dieser, und die finanzielle Sorgen, ließen ihn noch aggressiver und tyrannischer sein, als er es ohnehin schon war.
Unvorstellbar.
Aber es gab immer noch eine Steigerung.

Wir, erst Martina und dann auch ich, hatten Tag für Tag immer die gleichbleibende Angst.
Angst vor dem, was der Tag für einen bereithält und ob man ihn überhaupt überleben würde.

Keinerlei Rücksicht auf so zerbrechliche Kinderseelen. Ein Trauma, ein Alptraum der bis heute anhält.
Manchmal wünschte man sich, dass es endlich vorbei wäre.
Bei jedem Schlag oder Tritt unseres Vaters, hoffte man, dass es dieses Mal der Letzte sein würde und man endlich einfach sterben könnte.
Der Tod als Erlösung von den psychischen und physischen Misshandlungen der sogenannten Eltern, dieser beiden Menschen.
Immer noch weiter ausufernde Gewalt!

Jeden Tag, von Montag bis Freitag, kurz vor siebzehn Uhr, das gleiche Ritual.
Wenn der „Alte" mit seinem Auto in die Einfahrt einbog, schickte unsere Mutter mich schon raus um seine Laune zu analysieren.
Ich rannte dann sofort los und stellte mich in die Nische der Scheunentür. Dort wartete ich, bis er aus dem Wagen ausgestiegen war und an mir vorbei kam, um ihn dann, verwegen, mit einem kräftigen „ Buh" zu erschrecken.
Ging er darauf ein und spielte das Spiel mit, simulierte, sich erschrocken zu haben, konnte man davon ausgehen, dass der weitere Tag ohne nennenswerte Zwischenfälle verlaufen würde.
Sicher konnte man sich allerdings nicht sein.
Aber dann durfte mein Showprogramm, von dem ich schon berichtete, mit Singen, Tanzen, Theateraufführung usw., erfolgreich starten.
Ignorierte er mich jedoch, dann war nur noch Rennen angesagt.
Jetzt musste ich von innen durch die Scheune in den angrenzenden Keller, die Treppen hinauf in unserer Küche, unbedingt vor ihm ankommen, bevor er diese selbst über die Außentreppe erreichte. Nur so konnte ich unsere Mutter noch rechtzeitig warnen.

Meistens gelang es mir auch, vor ihm in der Küche zu sein.

Durch ein Kopfschütteln konnte ich ihr dann gerade noch seine schlechte Laune mitteilen. Da stand er auch schon hinter mir und ich bekam sofort die ersten Schläge von ihm ab. Warum, das wusste ich nie.
Es war einfach so.
Danach flogen auch schon wieder Geschirr und Töpfe, samt Inhalt, durch die Küche und landeten nicht selten an Decke und Wänden. Oder er warf, wenn im Sommer das Küchenfenster geöffnet war, kurzer Hand alles hinaus auf die Wiese.
Das wenige Essen, was wir hatten, war ein willkommener „Gruß aus der Küche" für die umherfliegenden Vögel.

Wenn jedoch alles gut verlief, setzte er sich auf seinen Platz an den Küchentisch und ließ sich bedienen. Seine Vorsuppe, auf die er täglich bestand, gab man aber schon auf den Teller, bevor er die Küche betrat.
Sie durfte nie zu heiß oder zu kalt sein.
Darauf legte er ausdrücklich und unumstößlichen Wert.

Und wehe, wenn nicht!

War sie noch zu heiß, warf er uns vor, wir wollten ihn vorsätzlich verbrühen.
War sie aber schon, für sein Empfinden, zu kalt, warf er uns vor, wir wollten ihn absichtlich verärgern.
Bis zum ersten Löffel war es einem deshalb schon sehr bange, und man hoffte nur, dass die Suppe heute ja die richtige Temperatur für ihn hatte. Nahm er dann den zweiten Löffel zu sich, wusste man, dass er zufrieden war, und man konnte ein wenig, zumindest zwischenzeitlich, aufatmen.

Da unser Vater sein eigenes Besteck hatte, das aber keinesfalls von jemand anderem benutzt werden durfte, achteten wir sehr darauf, dass er kein anderes Besteckteil vor sich neben seinem Teller zu liegen hatte. Das wäre dann für ihn wieder Grund genug gewesen, erneut auszurasten.
Manchmal passierte mir jedoch beim Tischdecken ein fataler Fehler.
Es kam schon mal vor, dass ich vergaß, ihm das Messer hinzulegen, oder die Gabel. Es war wirklich keine Absicht von mir, im Gegenteil.

Ich glaube, dass gerade die Angst einen Fehler zu machen und den daraus resultierenden Ärger, mich so unter Druck setzte, dass ich ganz natürlich etwas vergaß oder falsch machen musste.
Kurz abgelenkt, achtete ich dann nicht auf das fehlende Besteckteil, weil es vielleicht noch zum Abwaschen in der Spüle lag. Oder ich legte es, in der Hektik unbewusst, zur Seite, wenn mich meine Mutter zur Hilfe rief, um die Kartoffeln abzugießen.
Auch sie duldete keine Verzögerung, und ich hatte sofort parat zu stehen, wenn sie mich zu brauchen glaubte.
Wie auch immer, als damals siebenjähriges Mädchen, machte ich nun mal Fehler.

Und wenn das passierte, eskalierte regelmäßig die Situation. Unser Vater nahm dann in jede Hand ein Besteckteil, das neben seinem Teller lag, hielt es fest in seiner Faust und schlug so kräftig er nur konnte, damit auf die Tischplatte.
Ohne Pause.
Rhythmisch.
Und dabei schrie er: „ Wenn das Kindchen kein Messer hat, dann kann das Kindchen auch nicht essen!"

Das hört sich vielleicht lustig an, war es aber keineswegs.
Es war der Horror. Richtig Psycho.

Seine Gesichtsmimik sowie seine Gesichtsfarbe änderten sich mit einem Schlag und man schaute nur noch nach einen Fluchtweg.
Es kam nicht selten vor, dass er in diesem Moment den Küchentisch von seinem Platz aus anhob und ihn umgedreht in Richtung Küchentür schleuderte. Wieder flogen Geschirr, Besteck und Essen, quer durch die Küche. Wenn man Pech hatte, und nicht schnell genug aus der Küche kam, wurde man von diesem Küchentisch regelrecht begraben.

Und wieder gingen Teller, Tassen und Schüsseln zu Bruch. Wie gut, dass wir ab und zu von Bekannten das ausrangierte Geschirr geschenkt bekamen. Zumeist jedoch, hoffte meine Mutter, dass erst gar kein Besuch kommen würde. Denn mit dem wenigen Geschirr, das nach einem erneuten Ausraster unseres Vaters noch im Schrank vorzufinden war, wäre eine Bewirtung unmöglich gewesen.

An diesem Tag jedoch lief alles gut.
Er fuhr vor, ich erschreckte ihn, er erschreckte sich, und wir gingen gemeinsam in die Küche. Seine Arbeitstasche, eine braune Ledertasche mit zwei Schnallen, musste ich dann immer hinein tragen.
Die Suppe war wohl temperiert, er war zufrieden, und die Eltern setzten sich an den Tisch und aßen, während ich, wie dann immer, mein Unterhaltungsprogramm startete.
Zum Essen trank unser Vater regelmäßig zwei Flaschen Bier, danach noch eine Tasse Kaffee.
Auch für die Getränke war ich immer zuständig. So war er es gewohnt. So, und keinesfalls anders musste es sein. Bloß nicht. Sonst?
Sie kennen die Antwort!
Es war für mich jedoch schon sehr schwierig, die Bierflaschen zu öffnen. Das Einschenken des Kaffees war aber eine noch größere Herausforderung.
Unsere Kaffeekanne passte nämlich nicht zur Kaffeemaschine. Sie war um einiges kleiner als die Originalkanne, die unser Vater irgendwann gegen die Wand schmiss und war daher stets übervoll.

Der Deckel wiederum war aber noch von der alten Kanne und musste unbedingt auf dieser Kanne liegen, da sonst die Maschine nicht lief. Dazu kam, dass diese Kanne auch noch einen Riss hatte und der Kaffee dadurch seitlich herunter lief.
Ich glaube, dass unsere Mutter sehr wohl wusste, wie schwierig das Eingießen des Kaffees aus dieser Kanne war. Trotzdem, oder gerade deshalb, verlangte sie es von mir.

Aber an diesem Tag schaffte ich es nicht.
Es war zu schwierig, diese übervolle und für mich zu schwere Kanne mit einer Hand zu halten. Mit meiner anderen Hand musste ich ja den viel zu großen Deckel festhalten, damit er nicht herunterfällt, und die Stelle mit dem Riss musste ja auch noch berücksichtigt werden.
Alles in Allem, ein schier unmögliches Unterfangen für ein kleines Mädchen.
Es passierte, was passieren musste.
Ich hielt mit meiner rechten Hand die Kanne, mit der linken Hand drückte ich den Deckel fest und versuchte langsam, den Kaffee in die Tasse meines Vaters zu gießen.

Schon passierte es!

In Worten, genau drei Tropfen, dieses frisch aufgebrühten Kaffees, tropften auf den rechten Oberschenkel meines Vaters.
Ich sehe heute noch vor meinen Augen, wie diese drei Tropfen sofort in seiner dunkelblauen Arbeitshose einzogen.
Mir war sofort klar, dass ich jetzt dafür büßen musste.
So war es auch.
Noch bevor ich diesen Gedanken zu Ende denken konnte, schleuderte mein Vater mir auch schon den heißen Kaffee, samt der Tasse, in mein Gesicht.
Es brannte höllisch. Dazu kam, dass die Tasse, die auch noch einen Sprung hatte und an der eine Ecke am oberen Rand fehlte, in meinem Gesicht zersprang und sich die Scherben in mein Gesicht bohrten. Überall, vom Kinn bis zu meiner Stirn, steckten größere aber auch ganz kleine Porzellansplitter. Besonders rund um meine Augen. Geschockt stand ich wie angewurzelt vor meinem Vater. Der sah das als Anlass, mir noch einen kräftigen Schups zu geben, so heftig, dass ich zuerst rückwärts gegen den Kühlschrank prallte und dann auf dem

Küchenboden zum Liegen kam.
Da lag ich nun, und traute mich nicht mehr aufzustehen, aus Angst davor noch mehr Schläge von ihm zu bekommen.
Er stand aber, ganz anders als sonst(fing es denn sonst erst richtig an), sofort wortlos auf und verließ die Küche.
Hilfesuchend schaute ich zu meiner Mutter, die nach wie vor emotionslos auf ihrem Stuhl am Küchentisch saß. Sie sagte nur: „ Musste das sein? Konntest Du nicht aufpassen? Du weißt doch, wie er ist."
Ich rappelte mich auf, ging zu dem Spiegel, der über der Spüle hing und sah mir mein Gesicht an.
Es brannte immer noch erbärmlich.
Mit einem Ruck drückte meine Mutter, die mittlerweile hinter mir stand, meinen Kopf unter den Wasserhahn, den sie schon aufgedreht hatte, um mir kaltes Wasser über mein Gesicht laufen zu lassen. Eine ganze Zeit lang blieben wir in dieser Position, und diese Kühlung tat wirklich gut.
Meine Mutter tat tatsächlich etwas für mich.
Ja, sie half mir sogar.
Ein Wunder.
Das war es aber auch schon!
Die Splitter, die noch immer in meinem

ganzen Gesicht verteilt steckten, musste ich mir mit einer Pinzette selbst heraus ziehen. Blut, das mir aus den Augen lief, versuchte ich mit einem kalten, nassen Waschlappen zu stoppen.
Meine Mutter machte neuen Kaffee.
Als dann mein Vater wieder zurück in die Küche kam, blieb mir nur der Weg in unser „Esszimmer".
Für Nichts auf der Welt wäre ich in diesem Moment an ihm vorbei gegangen!
Ich versteckte mich hinter dem Sessel so, dass er mich nicht mehr sehen konnte, in der Hoffnung, er würde vergessen, dass ich überhaupt noch da bin.
Die Beiden tranken ihren Kaffee und unterhielten sich über Gott und die Welt, so, als ob absolut nichts passiert wäre.
Warum die Kanne bei meiner Mutter nie tropfte, würde ich bis heute gerne wissen.

Für die Schule schrieb mir meine Mutter, mal wieder, eine Entschuldigung. Zwei Tage blieb ich zu Hause, dann waren die äußerlichen Blessuren weitgehend verheilt.

Nur einige Tage später, an einem

Sonntagmorgen, gab es zwischen den Eltern erneut einen heftigen Streit. Worum es diesmal ging? Keine Ahnung.
Ich musste still auf einem Küchenstuhl sitzen, weil meine Mutter gerade dabei war, mir die Haare zu schneiden. Unser Vater stand am geöffneten Küchenfenster und brüllte, wie gewohnt, dass er ihr zwischen ihre fetten Arschbacken treten würde. Er nannte sie wieder hirnamputierte, dreckige Sau und dass sie doch mit ihrer ganzen Brut verrecken solle.
Aber sie ignorierte das Geschrei ganz einfach. Das tat sie oft.
Wahrscheinlich hatte sie die Hoffnung, dass er so die Lust an diesem Gebrülle irgendwann verlieren würde.
Dieses Mal schrie er aber so heftig, dass ihm mit einem Ruck sein Gebiss vom Oberkiefer aus seinem Mund hinunter auf den Boden fiel.
Trotz des ganzen Terrors musste ich darüber augenblicklich herzhaft lachen.
Es sah einfach zu lustig aus, und ich konnte mich nicht mehr zurück halten. Einfach so prustete es aus mir heraus, obwohl mir sehr wohl bewusst war, dass mein Verhalten Folgen haben würde. Während mein Vater

sich nach seinem Gebiss bückte, das vor seinen Füßen auf dem Küchenboden lag, hüpfte ich schon von meinem Stuhl, um zu fliehen. Da kam auch schon sein Hausschuh geflogen, den er zielsicher nach meinen Kopf warf, und auch traf.
Weil ich aus Platzgründen an meiner Mutter nicht vorbei kam, musste ich unter dem Tisch hindurch, um aus der Küche zu entkommen. Mein Vater wollte mir aber den Weg abschneiden und befand sich schon seitlich neben dem Tisch. Es half nichts, ich musste unter dem Tisch hervor. Denn hier säße ich in der Falle.
Ich versuchte also, auf der Stirnseite raus zu kommen, um direkt zur Tür hinaus zu können.
Aber da versperrte er mir schon breit den Weg und so kroch ich seitlich unter dem Tisch hervor, neben dem Kohleofen. Und da sah ich es auch schon.
Mein Vater hatte sich inzwischen das Stocheleisen geschnappt und holte gerade aus. Sofort wollte ich, schutzsuchend, wieder unter dem Tisch verschwinden, als es auch schon schepperte. Mit voller Wucht schlug er mit dem Schürhaken nach mir und verfehlte meinen Kopf nur um ein paar wenige

Zentimeter.
Zwei, drei Zentimeter?
Der Aufschlag war so heftig, dass aus der stabilen Holztischplatte eine ganze Ecke herausbrach.

Nur diese wenigen Zentimeter!
Ich wäre wahrscheinlich tot.
Mit dieser Wucht hätte sich das Stocheleisen durch meinen Schädel gebohrt oder ihn eingeschlagen.
Bestimmt hätte ich es nicht überlebt, obwohl ich mir nach dieser Attacke sehr oft wünschte, dass mich dieses Eisen doch besser nicht verfehlt hätte.
Er wollte mich in dieser Sekunde in seiner unkontrollierten Rage doch tatsächlich tot schlagen.

Ich ärgerte mich sogar später über mich selbst, dass ich Schutz unter diesem Möbelstück gesucht hatte und dachte noch so oft: „Hätte er mich damals doch nur getroffen." So viel kam noch auf mich zu.

In dem Moment, als mein Vater die Tischplatte begutachtete und sah, was er da angerichtet hatte, gelang mir doch noch die

Flucht. So schnell ich auch nur konnte, rannte ich aus der Küche hinaus, nahm mehrere Treppenstufen auf einmal hinunter, um so schnell wie möglich, in mein Versteck zu gelangen.
Hinter die Hecke der Nachbarn, gleich vor dem Wald. Dort verbrachte ich schließlich den gesamten Sonntag.
Ohne Essen, ohne Trinken. Gesucht hat man nicht nach mir.
Erst als es dunkel war, schlich ich mich ganz vorsichtig und leise, unbemerkt nach Hause und legte mich sofort in mein Bett.

Auf unserem demolierten Tisch lag von nun an eine Tischdecke.

Kapitel 11

Das tut so weh

Der Sommer neigte sich langsam dem Ende zu, und der Herbst zeigte seine ganze Schönheit.
Die Tage wurden schon merklich kürzer. Die Farben aber, diese wunderbaren Farben, die nur die Natur zu dieser Jahreszeit zaubern kann, tauchten die Landschaft und auch unser „ Anwesen" in einen Traum von „Indian Summer" im Saarland.

Meinen siebenten Geburtstag hatte ich bis dahin, so gut es ging, sowohl physisch als auch psychisch verarbeitet, und ich genoss diese, für mich bis heute, herrlichste Jahreszeit.
Das hieß für uns aber auch, dass es jetzt Zeit war, um zu ernten. Alle Obstbäume hingen voller Früchte. Kirschen, Pflaumen und Birnen wurden gepflückt und von unserer Mutter eingeweckt.

Das machte sie, im Gegensatz zu allen anderen Arbeiten, wirklich sehr gerne.

Wahrscheinlich trug die Tatsache, dass sie dabei wieder von unserer Tante Gerda tatkräftig unterstützt wurde, erheblich dazu bei.
Tante Gerda kam zu dieser Zeit immer für eine Woche zu uns, und half unserer Mutter mit vollem Eifer bei der Verarbeitung des Obstes, also waschen, schneiden, in die vorbereiteten Gläser füllen, verschließen und ab ins heiße Wasserbad.
Das war für mich stets eine sehr schöne Zeit, gab es doch viel zu schauen und zu lernen. Und vor allem diese positive Grundstimmung, die sich dann einstellte, ein Wechsel wie der, in eine neue Jahreszeit.
Eine Umarmung des Friedens.
Unser Vater nahm sich zurück, und hielt sich die meiste Zeit in seiner Werkstatt auf. Meine Mutter war zu dieser Zeit auch viel freundlicher und netter zu mir, kein Vergleich zu sonst. Und es gab während der Anwesenheit von meiner Tante Gerda sogar regelmäßige Essenszeiten, auch für mich. Ich durfte dann mit den Erwachsenen am Tisch sitzen und mitessen, anstatt mein Showprogramm vorführen zu müssen. Frühstück, Mittagessen, Abendbrot. Ungewohnt und außergewöhnlich, einfach nur

positiver Wahnsinn.
Diese Zeit war aber auch mit sehr viel Arbeit verbunden, denn ich musste genau soviel mitarbeiten, wie die Erwachsenen.
Schließlich wollte ich ja auch von dem Saft trinken. Und so pflückte ich tagelang Äpfel, oder suchte die heruntergefallenen auf dem Boden zusammen, um die mir zugeteilten Säcke mit dem Obst zu füllen.
Die gepflückten Äpfel brachten wir dann zur Kelterei.
Der Bauer, der nur einige Häuser weiter von uns wohnte, kam mit seinem Traktor und einem großen Hänger. Darauf freute ich mich schon das ganze Jahr, denn ich durfte dann, zwischen den Säcken sitzend, mitfahren.
Das war ein riesiger Spaß für mich und eine kleine und doch so große Abwechslung in meinem sonst so traurigen Dasein.

Ach, hätte die Fahrt doch nur noch etwas länger gedauert!
Die Äpfel brachten wir zum Kelterhäuschen des Dorfes.
Dorthin durften alle Mitglieder des Obst- und Gartenbauvereines, ihre Früchte zum Keltern bringen. Die Äpfel wurden dann in einer großen Maschine gepresst und der daraus

gewonnene Apfelsaft in Flaschen abgefüllt. Noch mehr als Apfelsaft, ließen unsere Eltern aber Viez daraus zubereiten, weil den unser Vater liebend gerne trank. Viez, das ist gegorener Apfelsaft, eine Art Most. Der Begriff ist im Saarland gebräuchlich. Saft, Viez und Eingewecktes, wurden später in unserem Keller gelagert, und
so hatten wir das ganze Jahr über genügend zu trinken und einen reichlichen Obstvorrat.

Aber wir waren ja nicht die einzigen Hausbewohner.
Wenn die unzähligen Mäuse und Ratten über diese Gläser liefen, ein Glas zu Boden fiel und es klirrte, und ich Saft oder Obst aus dem Keller nach oben holen musste, war es schon sehr ekelig. Alles dort unten war übersät von Mäuse- und Rattendreck. Sauber gemacht, wenn auch nur mal oberflächlich, wurde hier nie.
Wirklich niemals.
Selbst von mir wurde das nie verlangt. Und freiwillig hätte ich das unter gar keinen Umständen getan.
So wurden diese Fäkalienberge von Jahr zu Jahr immer höher.
Viel Appetit hatte ich dann wirklich nicht

mehr, denn so ein Obstglas wurde von unserer Mutter vor dem Öffnen nicht einmal abgewischt. Nicht selten kam es vor, dass das eine oder andere Stück Dreck nachher auch noch auf dem Teller schwamm.
So verging ein Tag nach dem anderen.
Nach der Einmachzeit, der tägliche Alltag mit Prügel, Schreien, und den üblichen Übergriffen.
Der erste Schnee, Weihnachten, Silvester.

Man wusste, wenn man Weihnachten überstanden hatte, hatte man das Schlimmste hinter sich. Denn in der Weihnachtszeit spitzte sich die Lage bei uns zu Hause immer noch weiter zu. Noch mehr Terror und Gewalt als ohnehin schon das ganze Jahr über bei uns herrschten. Eine ganz besondere Horrorzeit für meine Geschwister und für mich, in der die Brutalität unseres Vaters regelrecht explodierte. Wie ein Vulkan, der immer mehr bedrohlich kochte, sprudelte, und dann, am Heiligen Abend, mit voller Wucht ausbrach.

Während sich alle anderen Kinder schon ganz ungeduldig auf dieses Fest freuten, und voller Vorfreude rätselten, welche Geschenken sie

dieses Mal unter dem Weihnachtsbaum vorfinden würden, schwieg ich nur und wünschte mir inniglich, dass diese Feiertage bloß ganz schnell vorbei gingen.
In dieser Zeit, weiß der Himmel warum, drehte unser Vater eben förmlich durch. Wenn in anderen Familien bereits die Bescherung stattfand, bettelte unsere Mutter immer noch an unserem Vater herum, dass er doch endlich einen Christbaum besorgen solle. Dann war der Streit bereits schon in der zweiten Phase. Er redete nicht mehr, sondern schrie uns nur noch an. Vollgesoffen setzte er sich in der Folge in sein Auto und fuhr in den nahegelegenen Wald, der unser Eigentum war, um einen Baum zu schlagen. Wir hatten nie einen größeren Weihnachtsbaum, immer nur einen kleinen, den sie auf einen alten Tisch stellen konnten. Aber immerhin, wir hatten einen.
Nach ein bis zwei Stunden kam mein Vater, mit einer noch größeren Alkoholfahne, als vor seiner Abfahrt, wieder aus dem Wald zurück. Im Schlepptau zog er eine kleine Tanne hinter sich her, wobei er den ganzen Weg vom Auto bis ins „Esszimmer" nur fluchte und schimpfte. Ich hatte den Eindruck, dass die Bäume mit jedem Jahr hässlicher und

schiefer wurden. Als ob er sich redlich bemühte, nur das wirklich auffälligst wirkende, unschönste und untauglichste Gewächs zu finden, um noch einen weiteren Beitrag dazu zu leisten, uns diese Tage auch wirklich zu vermiesen.

Ehrlich gesagt, ich hätte gar keinen Weihnachtsbaum gebraucht!
Auf den damit verbundenen Streit und Terror, hätte ich liebend gerne verzichtet.
Aber um den Schein von einer glücklichen Familie zu wahren, falls doch einmal jemand unverhofft vorbei kommen sollte, war unserer Mutter ein geschmückter Weihnachtsbaum sehr wichtig.
Heuchlerin!
Nur wieder eine Show für die Anderen.

Man muss an dieser Stelle erwähnen, dass unser Vater auf der anderen Seite aber wieder ein absoluter Perfektionist war.
Deshalb wurde der Baum auch nicht einfach so, wie er gewachsen war aufgestellt, sondern nach allen Künsten bearbeitet. Was natürlich auch wieder einige Zeit in Anspruch nahm.
Um aus diesem mitgebrachten „Schrott"

etwas Ansehnliches zu machen, wurden an der einen Seite Äste abgesägt, um sie an der anderen Seite wieder einzufügen. Dazu bohrte er einige Löcher in den Baumstamm, um die abgesägten Zweige dort hinein zu stecken.
Das Ganze fand natürlich unter unaufhörlichem Geschimpfe und Gepöbel statt.
„Ein Baum, wer braucht schon einen Baum, so ein Scheißdreck!"
Diesen Satz sagte er an diesem Abend gefühlte hundertmal.
Ich konnte mich diesem Moment in keinster Weise entziehen, da ich Handlanger, sowohl für meinen Vater, als auch für meine Mutter war. Alles musste ich holen, bringen oder, festhalten.
Waren dann endlich alle Äste an ihrem angedachten Platz, ging es an die elektrische Beleuchtung.
Wenn sich diese dann aber zu allem Unglück auch noch verknotete, bekam ich sie erst einmal um die Ohren geschlagen, bevor unser Vater sie mit voller Wucht gegen die Wand warf.
In der Hoffnung, dass die Lichterkette doch noch funktionieren würde, entknotete meine

Mutter sie mit viel Geduld während der „Alte" permanent auf sie einprügelte.
Immer noch konnte ich nicht weg, sondern musste die andere Seite des Kabels der Beleuchtung strammziehen, um die entknoteten Stellen fest zu halten.
Der Baum wurde dann mit reichlich Lametta und uralten, kaputten Christbaumkugeln, an denen schon überwiegend die Farbe abgesplittert war, geschmückt.
Ich bin mir sicher, dass wir den hässlichsten Weihnachtsbaum des ganzen Dorfes hatten.
Mittlerweile war es schon mindestens zwanzig Uhr und so langsam richtete unsere Mutter das Essen her.
Das war das einzige Gute an diesem Fest. Es gab für alle etwas zu Essen.
Oder besser gesagt, es gab mit viel Glück für alle etwas zu Essen. Denn Dank des Jähzornes und dem reichlichen Alkoholkonsums des „Alten", wurde er zusehend ungenießbarer. Grundlos, alleine die Tatsache, dass Weihnachten war, reichte völlig aus, dass er, noch heftiger als sonst, das Essen in der Küche an die Wände, Decke oder gar aus dem Fenster schmiss. Und den gerade erst aufgestellten Weihnachtsbaum, um den es stundenlang nur Terror gab, warf

er dann gleich mit voller Wucht dem Essen hinterher.
Jedes Weihnachten das gleiche Theater!
Am liebsten hätte ich mich vor Weihnachten in mein Bett gelegt, die Decke über den Kopf gezogen und wäre erst nach den Feiertagen wieder aufgestanden.
Aber auch dieses Weihnachtsfest ging schließlich vorüber. Ich habe es, trotz „normalen" Prügelattacken meines Vaters, überlebt und dachte eigentlich, dass es nicht mehr schlimmer für mich kommen könnte.

Falsch gedacht!

Im Februar 1980 verlor ich jeglichen Glauben daran, dass ich die Horrorzeit meiner Kindheit, wohl jemals würde vergessen können.

Doch dieses Mal war es nicht, wie sonst üblich mein Vater, sondern jetzt war es meine Mutter, die mich auf das Übelste benutzte, missbrauchte und mir mit ihrem Handeln so viel Schmerz zufügte und mir damit auch noch den aller letzten Rest meiner Würde nahm.
Ich kam, wie immer, gegen Mittag aus der

Schule nach Hause. Dieser Tag war für mich, so wie für alle Kinder aus meiner Klasse, ein toller Tag. Wir machten nämlich einen Ausflug zu dem Berg, der sich im gleichen Ort befand, wie meine Schule.

Damals, so wie auch noch heute, ist dieser Berg bei Skifahrern sehr beliebt und bietet mit seinen Liftanlagen die besten Voraussetzungen für ein tolles Skivergnügen.

Weil es der reichlich gefallene Neuschnee zuließ, schlug unsere Lehrerin eine Rodelpartie vor. Alle Kinder waren jubelnd sofort damit einverstanden und hellauf begeistert.
Und wie wir uns freuten.
Die Dorfkinder durften zu diesem Ausflug ihre Schlitten mitbringen, und wir „Buskinder" brachten große Plastiktüten mit, um auf ihnen den Hang hinunter zu rodeln. Immer wieder stiegen wir diesen Berg hinauf, um ihn dann, mit viel Gaudi, Jubel, fröhlichem Lachen und Gejauchze, wieder hinunter zu schlittern. Es war ein riesen Spektakel und wir hatten eine Unmenge an Spaß. Mehrere Stunden verbrachten wir damit. Doch leider verging die Zeit wie im Flug und wir mussten

schon viel zu früh wieder zurück zur Schule, um noch den Schulbus erreichen zu können. Erschöpft und ausgepowert stiegen wir ein und ließen uns nach Hause fahren.
Zu Hause angekommen, war ich zwar völlig durchnässt und etwas unterkühlt, aber auch richtig glücklich, von der ausgelassenen Toberei.

Dass dieser Tag für mich noch eine schlimme Wendung nehmen würde, konnte ich zu diesem Zeitpunkt noch nicht einmal erahnen.

Jeder weiß, dass das Herumtollen im Schnee, oder überhaupt an der frischen Luft, ziemlich hungrig macht. Und so war ich erst einmal auf der Suche nach etwas Essbarem. Meine Mutter war, wie so oft, nicht aufzufinden. Wo sich mein Vater zu dieser Zeit aufhielt, weiß ich nicht mehr.
Ich bin mir nicht ganz sicher, aber ich glaube, dass er sich zu diesem Zeitpunkt, zur Erholung nach seinem Herzinfarkt, in Kur befand.
Meine Suche endete schließlich mit dem Fund eines einzelnen Brühwürfels. Ich beschloss ihn in einem Topf mit Wasser zu erhitzen, um mir so eine Art Suppe zu kochen. Bevor ich

das jedoch tun konnte, musste ich zuerst den erloschenen Ofen einheizen. Also suchte ich mir Papier, sammelte im Hof Kleinholz zusammen und fachte dann ein Feuer an. Es dauerte eine Weile, bis der ausgekühlte Herd endlich warm wurde und ich mich daran etwas aufwärmen konnte. So langsam wurde auch das Wasser im Kochtopf heiß und ich freute mich schon mit großem Appetit auf mein „köstliches" Essen.

Doch dazu kam es aber nicht mehr.

Während ich vor dem Ofen stand und die Suppe umrührte, hörte ich ein Auto vorfahren. Ich schaute aus dem Küchenfenster und sah, wie meine Mutter und zwei, mir fremde Männer aus dem Wagen ausstiegen. Sie unterhielten sich und lachten miteinander, bestens gelaunt, als ob sie sich sehr gut kennen würden. Als sie in die Küche kamen, sagte meine Mutter zu den Beiden: „ Also, das ist Sabine, von der ich Euch erzählt habe." Die Männer schauten mich von Kopf bis Fuß genau an, sahen zu meiner Mutter hinüber und nickten ihr zu. Ich rührte währenddessen, vollkommen ahnungslos über das, was gleich mit mir

geschehen würde, weiterhin in dem auf dem Ofen stehenden Kochtopf herum.
Meine Mutter forderte mich, zwar nett aber sehr bestimmend auf, schon mal in mein Zimmer zu gehen und mir trockene Kleidung anzuziehen. Ich hatte meine nasse Hose, bevor ich mir mein Essen zubereitete, bereits in der Küche ausgezogen und zum Trocknen über einen Küchenstuhl gehängt. Nur meine Strumpfhose behielt ich an, obwohl auch sie vollkommen durchnässt war. Ganz ohne Hose war es in der unbeheizten Küche dann doch zu kalt, aber andere Kleidung war nicht auffindbar.

Erst wollte ich nicht nach oben gehen, musste ich mich doch um meine Suppe kümmern und Hunger hatte ich doch auch. Aber ein strenger Blick von meiner Mutter genügte völlig und ich gehorchte. Sie käme gleich nach und würde mir trockene Kleidung bringen, meinte sie mit sehr netten, für mich ganz ungewohnten Worten und freundlichem Ton.
Darüber schon sehr überrascht, ging ich also in mein Zimmer, setzte mich auf mein Bett und wartete. Hier war es noch viel kälter als in unserer Küche und ich überlegte kurz, ob

ich mich unter meiner Bettdecke einkuscheln sollte. So weit kam es aber nicht. Kaum, dass ich diesen Gedanken zu Ende denken konnte, hörte ich auch schon Schritte auf der Treppe. Ich dachte, dass mir meine Mutter nun die versprochenen Kleidungsstücke bringen würde, bis ich aber klar und deutlich mehrere Stimmen und auch unterschiedliche Schrittfolgen wahrnahm.
Da öffnete sich auch schon meine Zimmertür und einer der Männer, die mich zuvor in der Küche von oben bis unten abmusterten, stand im Raum. Während er die Tür von innen zuschloss, hörte ich noch die Worte meiner Mutter. „ Sei schön lieb und hör' schön. Mach das, was er Dir sagt", rief sie mir noch durch die schon geschlossene Tür zu.
Sie klang in keinster Weise besorgt oder ängstlich.
Ganz im Gegensatz zu mir.
Ich hatte plötzlich wieder große Angst.

Was nun mit mir geschehen würde, konnte ich in diesem Alter noch nicht erahnen. Dass es aber nichts Gutes sein würde, dessen war ich mir sofort bewusst.
Wie versteinert saß ich voller Furcht auf

meinem Bett und konnte mich nicht mehr bewegen.
Ich weiß noch, dass ich am ganzen Körper zitterte, aber ganz bestimmt nicht vor Kälte. Pure Angst und Panik nahmen Herrschaft über mich.
In Gewissheit darüber, dass jetzt gleich etwas Schlimmes passieren würde.

Dieser Mann aber, ließ auch keine für ihn unnötige Zeit verstreichen. Bevor ich wusste, wie mir geschah, fing er sofort an, mir meine Kleidung vom Körper zu streifen, positionierte mich rücklings auf meinem Bett und legte sich über mich. Ich wehrte mich dagegen, so gut ich konnte. Schlug um mich und fing laut an zu schreien, aber ich hatte natürlich gar keine Chance. Mit seinem ganzen Körper drückte er mich nach unten auf mein Bett, und hielt mir mit seiner Hand meinen Mund fest zu.
So fest, dass ich kaum noch Luft bekam. Dabei sagte er immer wieder, dass ich doch endlich ruhig sein solle, so wie es mir meine Mutter doch „befohlen" hätte.
Ich zappelte weiter hin und her, versuchte mich von ihm zu befreien. Wie sehr ich mich auch bemühte, ich schaffte es nicht.

Im Gegenteil.
Ich glaube, dass ich ihm mit meinem Hin- und Herwinden nur noch ungewollt behilflich dabei war, mich komplett ausziehen zu können.
Ihm machte es allem Anschein nach sogar richtigen Spaß, mich in dieser hilflosen Situation zu entkleiden.
Denn immer wieder lachte er laut auf.

So kläglich und panisch ich auch nach meiner Mutter rief, ich bekam keine Antwort von ihr. Obwohl ich genau hören konnte, dass sie sich auf der anderen Seite der Zimmertür befand. Sie unterhielt sich, offenbar sehr angeregt, aber vollkommen unbeeindruckt und sorglos mit dem anderen „Herrn".

Der Mann in meinem Zimmer drohte mir jetzt Schläge an, wenn ich nicht endlich meine Klappe halten würde. Das war mir jedoch völlig egal, viel zu oft wurde ich schon geschlagen, als dass mir seine Schläge Angst machen würden.
Verprügelt zu werden, war ich ja schließlich gewohnt.
Ich schrie weiter und versuchte, mich mit allen Mitteln von ihm los zu reißen.

Es war ein heftiger aber einseitiger Kampf, den ich nur verlieren konnte.
Ich war völlig Chancenlos gegen ihn.
Vielleicht turnte ihn diese spezielle Situation sogar nur noch mehr an.

Mittlerweile war es ihm gelungen, seine Hose bis zu den Knien herunter zu schieben. Er packte mich, es gelang ihm meine Beine zu spreizen und in mich einzudringen.
In diesem Moment hatte ich das Gefühl, in zwei Teile zu zerreißen.
Ich kann diese Schmerzen mit Worten nicht beschreiben.
Es tat so weh.
Ich schrie vor Schmerzen laut auf. Doch davon ließ er sich kein wenig abschrecken. Er presste bloß seine Hand wieder auf meinen Mund, nur noch fester, als schon eben vorher.
Ich hatte keine Chance.
Zu diesen höllischen Schmerzen kam nun noch die Todesangst dazu, dass ich ersticken würde.
Er hörte aber nicht auf.
Immer und immer wieder stieß er in mich hinein.
Ein Gefühl, als ob jemand mit einem großen

Dolch immer aufs Neue auf einen einsticht.
„Bitte hören Sie doch damit auf, das tut so weh“, flehte ich ihn, trotz seiner Hand auf meinem Mund, immer wieder an.
Mir wurde abgrundtief schlecht bei dieser Höllenqual und dazu noch dieser Ekel.
Ich merkte, wie mein Mageninhalt langsam meinen Hals hinauf stieg und ich ihn immer wieder hinunterschlucken musste.
Aber das war in diesem Moment sogar gut so. Denn es lenkte mich ab. Ich war jetzt so sehr damit beschäftigt, meine Atmung und meine Schluckreflexe zu kontrollieren, dass ich diese widerliche Handlung dieses abscheulichen Monsters wenigstens teilweise verdrängen konnte.
Verdrängen in dieser Situation hört sich vielleicht irgendwie eigenartig an. Doch blieb mir gar nichts anderes übrig, als es irgendwie über mich ergehen zu lassen.
Wie lange er sich an mir verging, weiß ich nicht. Ich verlor jegliches Zeitgefühl.
Wenn man mich heute fragen würde, wären „mehrere Stunden“ meine Antwort.
So kam es mir jedenfalls vor.
Aber ich weiß es nicht.
Irgendwann ließ er von mir ab, stand auf und zog sich seine Hose hoch. Er stand vor

meinem Bett und schaute mich, wie schon vorher, begutachtend von oben bis unten an. Ohne auch nur noch ein Wort zu sagen, verließ er dann mein Zimmer.
„Ist es endlich vorbei?"
Das war mein einziger Gedanke.

Wieder war es dieser Satz der mich, aber auch Martina, durch unsere gesamte Kindheit begleitete.

Ich lag vollkommen nackt auf meinem Bett. Am ganzen Körper zitternd und voller Scham. Gar nicht in der Lage zu realisieren, was mir hier gerade passiert war.

Ja, ich schämte mich!
Sieben Jahre alt!

Ich kam mir so verraten vor, so verlassen und einsam.
Einfach im Stich gelassen von der Person, die sich meine Mutter nannte.

Überhaupt nicht in der Lage, das Geschehene irgendwie einzuordnen, zu verstehen, zu begreifen, öffnete sich meine Zimmertür erneut.

In der Hoffnung, dass meine Mutter kommen und mir nun helfend zur Seite stehen würde, blickte ich vollkommen kraftlos zur Tür.
Sie würde mich jetzt doch retten?!

Wie töricht doch solch ein Gedanke war.

Dabei sah ich jetzt erst das ganze Blut auf meinem Bettlaken.
Erschrocken darüber und über eigentlich alles, fing ich schon wieder bitterlich an zu weinen.
In der Tür stand aber nicht, wie sehnlichst erhofft, meine Mutter, sondern der zweite Mann.
Der war ja auch noch da.
In diesem Moment war mir klar, dass nun das ganze Martyrium wieder von vorne los gehen würde.
Und genau so war es auch.
All mein Winseln und all mein Flehen half nichts.
Wie schon sein „Vorgänger" machte er sich auf die übelste Art und Weise über mich her.
Ich hatte mittlerweile nicht einmal mehr die Kraft, um zu schreien oder mich zu wehren, konnte mich noch nicht einmal mehr übergeben. Ich weinte nur noch und ließ wie

in Trance, apathisch, einfach alles über mich ergehen.
Wie gerne wäre ich in diesem Moment nur noch tot gewesen.
Das war mein einziger Gedanke.
„Lieber Gott, lass mich jetzt bitte einfach sterben", dachte ich unentwegt.
Meine Schmerzen waren kaum noch auszuhalten.
Wieder dieses Gefühl, von unten nach oben aufzureißen. Ich glaube, dass die Schmerzen irgendwann so stark waren, dass ich schließlich davon ohnmächtig wurde.

Als ich einige Zeit später wieder zu mir kam, lag ich nackt auf meinem Bett.
Alleine.
Die Bettwäsche und auch ich waren komplett mit meinem Blut verschmiert.
Nicht nur ein bisschen verschmiert!
Nicht nur ein paar Tropfen.
Ich rede, ohne zu übertreiben, von richtig viel Blut.

Regungslos auf meinem Bett liegend, hörte ich, wie draußen vor dem Haus zwei Autotüren zugeschlagen wurden und der Motor eines Wagens startete.

Ich hoffte, dass diese beiden bösen Menschen, endgültig weg fuhren und ich ihnen nie wieder begegnen müsse.

Mir war so elend und unsagbar schlecht.
Es hat mir nachhaltig schier den Boden unter den Füßen weggerissen.

Ich hörte nicht mehr auf, bitterlich zu weinen. Ganz leise natürlich, wie immer, damit mich niemand hören konnte.
Mein ganzer Körper schmerzte fürchterlich.
Ich legte mich auf die Seite, kauerte mich ganz klein zusammen.
Nur eine leichte, wippende Bewegung, rhythmisch zu meinem Weinen. Das selbstsimulierte Schaukeln eines Babys beruhigte mich schließlich.
Niemand half mir oder tröstete mich, kümmerte sich irgendwie.

Es verging noch einige Zeit, bis meine Mutter in mein Zimmer kam.
Mal wieder, als wäre doch überhaupt nichts geschehen, ohne auch nur einen Hauch von Sorge oder Empathie.
Dafür aber gefühlskalt, eisig und nur böse.

Sie sagte zu mir, dass ich jetzt meine Suppe essen könne. Ich solle mit ihr nach unten in die Küche kommen.

Ich sah sie nur wortlos, verständnislos und vorwurfsvoll an. Sie aber packte mich unter meine Arme, und zog mich rücksichtslos aus dem Bett.
Gegen meinen Willen. Ich wollte nicht aufstehen.
Ich schrie vor Schmerzen. Denn das Stehen und besonders das Auftreten taten so höllisch weh. Jeder einzelne Schritt war fast unerträglich.
„Stell Dich nicht so an", sagte meine Mutter völlig emotionslos zu mir.
Ganz langsam und vorsichtig ging ich, vollkommen unter Schock, mit ihr hinunter.
Hunger hatte ich jedoch absolut keinen mehr.
Ich ging gleich durch die Küche in unser „Esszimmer" und setzte mich ganz vorsichtig auf den Sessel.
Ich kann nicht oft genug betonen, wie schmerzhaft diese Bewegungen für mich waren.
Immer noch vollkommen nackt und mit angewinkelten Beinen (bloß nicht an die „Stelle" kommen), saß ich nun auf diesem

Sessel, während meine Mutter vor mir kniete und die Verletzungen, rund um meine Scheide, mit irgendeiner Salbe eincremte. Sie tat es aber nicht etwa aus Fürsorge, behutsam, sondern so, als ob man eine Maschine einfetten würde, um sie weiter am Laufen zu halten. Ich weinte immer noch und beklagte mich bitterlich über die kaum noch auszuhaltenden Schmerzen.
„ Ach", sagte sie, „ die hören schon bald auf. Aber guck mal!" Dabei griff sie mit einer Hand in die Tasche ihrer Kittelschürze und zog ein Bündel Geldscheine hervor. Wie einen Fächer hielt sie die Scheine in ihrer Hand, wedelte damit herum und sagte: „Guck mal, wie viel Geld wir dafür bekommen haben! Davon können wir uns ganz viel zu Essen kaufen."
Sie kniete dabei immer noch vor dem Sessel. Ich konnte es nicht fassen und schrie sie an, dass ich dann lieber niemals mehr etwas essen würde, als dass ich so etwas noch einmal machen müsste.
Kopfschüttelnd, ohne jegliches Verständnis für mich, steckte sie das Geld wieder zurück in ihre Tasche und deutete mit dem Zeigefinger auf den ekligen, alten und rostigen Toiletteneimer, den sie, mit

geschlossenem Deckel, vor unseren Fernseher aufgestellt hatte. „Setz Dich da drauf, dann wird es schon besser.“ Ich stand langsam auf und ging überaus vorsichtig zu dem Eimer. Sie hob den Deckel an und es stieg ein heißer, nach Kamille riechender Dampf, hinauf. Bis das Wasser im Eimer abgekühlt und kein Dampf mehr aufstieg, sollte und musste ich sitzen bleiben. Die Zeit, in der meine Mutter dann ein zweites Mal den Toiletteneimer herrichtete, verbrachte ich wieder auf dem Sessel.

Wenigstens hatte sie mir mittlerweile einen Pullover und ein Paar Socken übergezogen. Auch mein Bett hatte sie zwischenzeitlich frisch bezogen.
Was für ein Service, musste ich das, doch üblicher Weise sonst immer selbst tun.

Ich war immer noch vollkommen geschockt über das gerade Geschehene. Andauernd musste ich weinen. Machte eigentlich gar keine Pausen.
Von meiner Mutter wurde diese ganze Grausamkeit selbstverständlich heruntergespielt. Immer wieder redete sie auf mich ein, dass es doch gar nicht so

schlimm gewesen wäre. Ich solle mich doch endlich wieder einkriegen. Vielen Menschen würde es doch noch viel schlimmer gehen als mir. Die wären sogar froh, wenn sie bloß mit mir tauschen könnten.
Was für ein Hohn!

Keinerlei tröstenden Worte von ihr.

Sie war mit allem rundum zufrieden. Das sah man ihr deutlich an. Leichter konnte sie kein Geld verdienen. Und ich war ihre Quelle.
Einfach perfekt.
Sie hatte mich regelrecht verkauft. Wie ein Tier auf dem Markt.
Wahrscheinlich auch noch an den Höchstbietenden!

Und das ich bloß niemandem etwas davon erzählen solle. Sonst wäre aber richtig was los, und hob dabei ihren Zeigefinger.
Davon erzählen?
Ich schämte mich schon jetzt viel zu sehr, als dass ich es hätte jemandem erzählen wollen.
Nicht einmal Martina hätte und habe ich davon erzählt.

An sie dachte ich immer in solch ähnlich

schrecklichen Situationen, die ich erleben musste. Sie hätte mich auf jeden Fall beschützt, wenn sie da gewesen wäre. So wie früher, wenn sie sich schützend über mich beugte und somit die Schläge, die mir angedacht waren, einsteckte.
Mit diesen Dampfbädern und reichlich Schmerzmitteln, in Form von Tabletten, verbrachte ich nun die nächsten Tage.
Ganz besonders schlimm waren die Schmerzen beim
Wasserlassen. Das tat noch lange Zeit höllisch weh und ich traute mich kaum, zur Toilette zu gehen. Erst, wenn es gar nicht mehr anders ging und ich es nicht mehr zurückhalten konnte, ließ ich es, unter lautem Schreien, einfach laufen. Auch das Blut, was dann mitkam, jagte mir zusätzlich sehr große Angst ein.
„ Das ist völlig normal und wird bald besser", sagte meine Mutter dann nur.
Der Nachbarin, die einmal kurz zu uns herüber kam, und auch jedem anderen wurde vorgelogen, dass ich mir bei dem winterlichen Schulausflug eine schlimme Blasen- und Nierenentzündung zugezogen hätte. Das sagte sie auch zu meiner Lehrerin, die sie am nächsten Tag in der Schule anrief,

um mich für mein „vorübergehendes“ Fernbleiben zu entschuldigen.
Und dann machte sie die Lehrkraft sogar noch für mein Kranksein verantwortlich und redete ihr ein schlechtes Gewissen ein.
Schließlich habe sie mich doch auf den Ausflug zum Rodeln mitgenommen.

Wie gut das alles wieder zusammenpasste!
Die besorgte Mutter, die Heilige vom Lande.
Unglaublich!
Nicht mehr zu fassen!

Täglich rief meine Lehrerin, eine sehr sympathische Frau, die ich wegen ihrer liebenswürdigen und fürsorglichen Art(genau das Gegenteil von meiner Mutter) so sehr mochte, bei uns zu Hause an. Sie erkundigte sich besorgt nach meinem Befinden. Auch besuchen wollte sie mich unbedingt, was aber von meiner Mutter sofort resolut abgeblockt wurde.
Ich bräuchte jetzt sehr viel Ruhe, war ihr Argument.

Wie schon gesagt, wo sich mein Vater zu dieser Zeit aufhielt, kann ich nur vermuten.
Ich verbrachte jedenfalls die nächsten

Wochen mit meiner Mutter alleine. Was mir wiederholt Angst machte.
Jedes Auto, das ich vor unserem Haus hörte, ließ mich panisch werden. Ich hatte solche Angst davor, dass diese, oder auch andere Männer, kommen könnten und ich das Gleiche noch einmal durchleben müsse.
Es war für mich einmal mehr der pure Horror!

Die beiden Männer waren mir damals vollkommen unbekannt.
So sehr ich mich auch heute bemühe, ihre Gesichter aus meinem Gedächtnis hervorzukramen, will es mir einfach nicht gelingen.
Ich könnte sie nicht einmal mehr beschreiben.
Oftmals, wenn mir ein Mann begegnet, der mir, aus unerklärlichen Gründen, äußerst unsympathisch ist, überlege ich für einen klitzekleinen Moment, ob er vielleicht einer dieser pädophilen Vergewaltiger gewesen sein könnte.
Ich werde es nie erfahren!

Zu meiner Beruhigung gehe ich aber davon aus, dass beide mittlerweile schon verstorben sind und hoffentlich, weiß der Teufel wo, ihre gerechte Strafe dafür bekommen haben.

Glücklicherweise aber blieb es bei diesem einen Vorfall dieser Art.

Ich fehlte in der Schule für mehrere Wochen. So lange nahm die Heilung meiner körperlichen Wunden in Anspruch.

Meine seelischen Wunden hingegen, sind bis heute nicht verheilt.

Kapitel 12

Die hübsche Ehefrau des Vorgesetzten

In den folgenden Wochen und Monaten war ich drauf und dran verrückt zu werden.
Heute, mit dem Abstand der Jahre, würde ich sagen, dass mein Verhalten schon autistische Züge annahm.
Ohne, dass ich es bewusst hätte irgendwie beeinflussen können, veränderte sich mein gesamtes Wesen.

Ich hatte ja auch niemanden, mit dem ich vertrauensvoll hätte sprechen können. Die Scham und der Schock über das, was mir angetan wurde, was ich wehr- und hilflos über mich habe ergehen lassen müssen, waren einfach viel zu groß.
Die einzige Person, die mir hätte helfen können, weil sie ja von dem Vorgang wusste, wäre aber nur rein theoretisch meine Mutter gewesen.
Doch als die Initiatorin der Kindervergewaltigung gegen Bezahlung, schied sie natürlich von vornherein aus.

Ich hasste sie!
Nur noch vollkommenen, blanken Hass konnte ich für sie empfinden.

Dazu kam, dass sie wohl die Letzte gewesen wäre, mit der ich die Sache besprochen hätte. Schon deshalb, weil ich ja auch wusste, dass ihr mein Zustand völlig egal war, sie überhaupt gar nicht interessierte.

So war ich, meine Seele, mein Herz, gezwungen, das Geschehene in irgendeiner Weise selbst zu verarbeiten. Mit den Folgen, die bei einem siebenjährigen Mädchen nur natürlich sind. Nichts konnte ich mehr bewusst steuern, war dem, was dann kam, einfach ausgeliefert.
Auch der Gang zur Polizei war für mich damals völlig abwegig und ausgeschlossen. Ich, ein kleines Kind, hatte furchtbare Angst vor dem, was dann kommen würde. Für mich nichts als vollkommen unüberschaubare Folgen.
Also überhaupt keine Option.

Was ich wirklich gebraucht hätte, was dringend notwendig gewesen wäre, das ist eine kinderpsychologische Behandlung

inklusive der Trennung von den Eltern.
Aber ich blieb allein mit meinem Schicksal.
Hinzu kam, dass sich das brutale Verhalten unseres Vaters natürlich auch nicht verändert hat.
Das ist eigentlich gar nicht mehr erwähnenswert, war es doch der ganz normale Alltag und man war das ja, wie eine völlig banale Selbstverständlichkeit, gewohnt, also nichts Außergewöhnliches.
Es war ebenso.

Mittlerweile war ich nur noch ein nervliches Wrack. Ich begann, an meinen Fingernägeln zu kauen. Ein Verhalten, das mir vorher absolut fremd war aber jetzt so intensiv von mir betrieben wurde, dass es auch den Menschen in meiner Umgebung unweigerlich auffiel und sie mich darauf ansprachen.

Ganz schlimm für mich war, dass ich begann, an meinen Lippen herumzupulen. Das tat ich so heftig, dass diese ständig bluteten. Ja irgendwann so aussahen, als ob sich oben eine Hasenscharte bilden würde. Noch heute ertappe ich mich selbst dabei, dass ich in manchen Situationen nervös an den Lippen pule. Aber glücklicher Weise gar keinen

Vergleich mehr standhaltend zu damals. Trotzdem aber, es steckt offenbar noch irgendwie in mir drin.
Übernervös aber auch irgendwie autistisch begann ich, verschiedene Neurosen zu entwickeln.

So betrat ich zum Beispiel, auf dem Weg zur Bushaltestelle, nur noch bestimmte Pflastersteine. Diese wurden von mir erst begutachtet, dann im Kopf durchnummeriert. Ich durfte nurauf jeden zweiten Stein treten. Ein zwanghaftes Verhalten, das ich mir irgendwie selbst auferlegte. Ging die Anzahl nicht auf, also endete der Weg nicht mit einer geraden Zahl, lief ich zurück und fing von vorne an. So lange, bis es gepasst hat. Auf keinen Fall durfte ich einen anderen Pflasterstein berühren oder einen auslassen. Dann spürte ich den Drang in mir von vorn beginnen zu müssen.

Oder ich zerlegte Wörter in meinen Gedanken, indem ich die einzelnen Buchstaben jedes Wortes so lange untereinander vertauschte, bis jeder Buchstabe mal an jedem Platz war. Ich machte auch das so akribisch, dass mich

nichts davon ablenken konnte. Wenn mich also jemand ansprach, reagierte ich erst dann darauf, wenn ich mit dem Sortieren im Kopf fertig war. Das musste unbedingt erst abgeschlossen sein, bevor ich einen neuen Gedanken fassen oder mich mit etwas anderem beschäftigen konnte.
Zwanghaft also.
Das ging etwa ein Jahr lang so. Aber, warum auch immer, fiel mir irgendwann mein nicht mehr normales Verhalten von selbst auf.
Ich war jetzt mittlerweile zwar erst acht Jahre alt und doch bemerkte ich ganz bewusst, immer noch ein kleines Kind, dass mit mir etwas nicht stimmen könne.
Mein Verhalten begann mich zusehends selbst zu nerven.
Woher diese reale Selbsterkenntnis kam, kann ich mir nicht erklären. Aber sie war auf einmal da.
Glücklicher Weise.
Es war so schrecklich. Ich dachte schon, dass ich am Durchdrehen wäre.
Zuerst war es mir gar nicht bewusst, was ich da tat. Es war einfach irgendwann da.
Und so beschloss ich, damit aufzuhören.
Ich hatte mittlerweile die Vermutung, dass ich verrückt geworden bin. Da ich aber auch

der festen Überzeugung war, dass alle Verrückten an ihrem Schicksal immer selber Schuld seien, weil sie sich nicht zusammenreißen würden, legte ich mir selbst auf, mich ab sofort zusammenzunehmen.
Erst einmal hörte ich nach und nach damit auf, die Wörter zu zerlegen und die Buchstaben zu sortieren.
Als das geschafft war, nahm ich mir die Pflastersteine vor.

Meine Eltern bekamen davon natürlich nichts mit. Viel zu sehr waren sie mit sich selbst beschäftigt. Und ich war für sie nach wie vor nur ein unwillkommener Gast und ihnen weiterhin völlig egal.
Jeden Tag hoffte ich darauf, dass endlich ein nettes Ehepaar an der Haustüre klingeln und mich mitnehmen würde. Ich stellte mir vor, dass ich bei meiner Geburt versehendlich vertauscht worden wäre und sich meine „richtigen" Eltern so sehr nach mir sehnten, dass sie es keinen weiteren Tag mehr ohne mich aushalten würden.

Dieser Gedanke zaubert mir heute allerdings nur noch ein leichtes Lächeln auf mein Gesicht.

Wie naiv man als Kind doch ist!

Ich schaffte es jedoch, auch ohne fremde Hilfe, ganz alleine, und wurde wieder „normal".

Es dauerte allerdings über ein Jahr, aber ich war unheimlich stolz auf mich.
Wie seit je her war unser Vater hinter jedem Rockzipfel her. Es wurde, trotz seines Alters und des körperlichen Zustandes nach seinem Herzinfarkt, nicht besser. Eher das Gegenteil war der Fall.
Seine Sexsucht nahm, wie auch sein Alkoholkonsum, immer weiter zu.
Und so verguckte er sich im Sommer 1981 in die Frau seines Vorgesetzten. Ulrike war wirklich eine sehr hübsche und gepflegte Frau. Ihre schwarzen Haare trug sie schulterlang. Sie war sehr groß, schlank und passte somit genau in das Beuteschema unseres „Alten". Manchmal besuchten wir dieses Ehepaar, das gleich vor dem Betrieb, in dem unser Vater arbeitete, ein Haus bewohnte. Uns besuchten sie natürlich so gut wie nie. Und nur selten kam sie alleine, ohne ihren Mann, kurz bei uns vorbei, um etwas zu holen oder zu bringen. Und das auch nur,

wenn unser Vater bei der Arbeit, also nicht zu Hause war. Die ständigen Schmeicheleien und die anzüglichen Bemerkungen, die er ihr gegenüber zu jeder sich bietenden Gelegenheit von sich gab, waren für uns alle mehr als beschämend und peinlich.

Ich mochte Ulrike sehr gerne und ich hatte das Gefühl, dass auch sie mich wirklich gut leiden konnte. Oftmals fragte sie mich fürsorglich, wie es mir denn gehen würde. Ob sie etwas von unserem häuslichen Terror ahnte?

Unser Vater zog alle Register, um diese Frau in sein Bett zu bekommen. Es war einfach nur noch penetrant. Es ging so lange, bis ihr Ehemann, dem das alles natürlich nicht verborgen blieb, unseren „Alten" zur Rede stellte.
Doch damit tat er uns allen wahrhaftig keinen Gefallen!
Nicht nur, dass unser Vater nun alle Wut darüber an mir und unserer Mutter ausließ.

Wobei mir Letzteres mittlerweile vollkommen egal war. Keinen Funken Mitleid empfand ich mehr für diese Frau, die sich meine Mutter nannte. Denn dafür war ihr Vergehen an mir doch viel zu grausam und abscheulich. Einfach ungeheuerlich und niemals zu verzeihen.

Die Tatsache, dass sich unser Vater von nun an von Ulrike fernhalten sollte, brachte ihn regelrecht zur Weißglut. Von jetzt ab war es keine Liebe mehr, weshalb er sie haben wollte, sondern nur noch pure Besitzgier. Niemand hatte ihm eine Abfuhr zu erteilen. Das duldete er in keinster Weise.
Unser Vater bombardierte sie förmlich mit Briefen und Telefonanrufen.
Und ich war gezwungenermaßen seine Gehilfin!
Jede freie Minute musste ich mit ihm in unser „Esszimmer" gehen und mich an den Schreibtisch setzten. Denn hier stand das Telefon. Er sagte mir, bevor ich die Telefonnummer von Ulrike zu wählen hatte, sehr energisch, was ich ihr übermitteln musste.
Während des Telefonates stand er ganz dicht hinter mir und konnte somit genau mithören, wie die Antworten von ihr ausfielen.
Ich durfte mir keinen, nicht den geringsten Fehler erlauben, keinen Versprecher. Auch

weinen durfte ich nicht, obwohl mir sehr danach zu Mute war.
Die ganze Zeit hatte er seine Hand fest um meinen Nacken gelegt und wenn ihm die Antwort von Ulrike nicht gefiel, drückte er mit seinem Daumen und Mittelfinger ganz fest zu. Manchmal drehte er mir auch einfach meine Ohren um oder riss mir ruckartig an den Haaren.
Keinen Mucks durfte ich aber während seiner Schikanen von mir geben, denn Ulrike sollte glauben, dass die Anrufe alleine von mir ausgingen. Nichts durfte darauf hindeuten, dass er genau hinter mir stehen würde.
Ich hatte riesige Angst davor, dass sie einfach auflegen könnte und bemühte mich deshalb umso mehr, sie in ein Gespräch zu verwickeln. Legte sie nach einiger Zeit dann doch einfach auf, gab er natürlich mir die Schuld daran, beschimpfte und verprügelte mich erneut auf das Übelste.
Meine Mutter saß während diesen Aktionen immer in der Küche am Tisch. Sie hatte alles genau verfolgt. Jedes furchtbare Wort, jede Handgreiflichkeit, alles was ich über mich ergehen lassen musste, alles, für was ich missbraucht wurde.
Aber nie griff sie ein.

All die abscheulichen Worte und Sätze, die ich Ulrike am Telefon sagen musste. Wobei Schwanz, ficken, oder vögeln, noch die harmlosesten Ausdrücke waren, die ich aussprechen musste. In allen Einzelheiten musste ich dieser netten Frau berichten, wie sich mein Vater mit ihr Vergnügen wolle.
Ich glaube aber, sie wusste ganz genau, dass er zu jeder Zeit der Telefonate, in meiner Nähe war. Sie wollte wahrscheinlich nur verhindern, dass ich Ärger bekomme würde, und blieb deshalb, nur mir zuliebe, so lange in der Leitung.
Sie hatte meinen Vater mittlerweile durchschaut.
Erst wenn sich seine Hand lockerte, es hinter mir zu ruckeln anfing und er stöhnte, wusste ich, dass dieses Telefonat bald beendet sein dürfte.
Aus meinen Augenwinkeln konnte ich genau sehen, was er machte und fand es schließlich einfach nur abstoßend.
Er befriedigte sich selbst.
In meinem Beisein.
Diese Telefonate wiederholten sich über mehrere Wochen, bis Ulrike eines Tages völlig genervt mit der Polizei drohte und einfach auflegte.

„Ist es nun endlich vorbei?" Wieder einmal dieser Gedanke!
Aber im gleichen Moment war mir sofort klar, dass sich mein Vater von einer solchen Äußerung nicht beeindrucken ließe.
Nachdem ich dafür meine obligatorischen Prügel bekommen hatte, musste ich die Telefonnummer, die ich mittlerweile schon wie im Schlaf wusste, erneut wählen.
Sie hob tatsächlich nochmal den Hörer ab und meldete sich. In diesem Moment riss mir mein Vater den Telefonhörer aus der Hand und schrie voller Zorn hinein: „ Wenn Du nicht sofort herkommst, erschieße ich erst Sabine, und dann mich", und knallte den Hörer auf.
„ Nein", dachte ich nur. „Nicht schon wieder!"
In diesem Moment schnappte er mich auch schon, riss mich vom Stuhl und zog mich regelrecht hinter sich her. Den ganzen Weg, durch Küche, Flur, die Treppen hinunter, bis zu seinem Auto, schleifte er mich hinter sich her.
Nachdem er die Beifahrertür geöffnet hatte, stieß er mich mit einem kräftigen Ruck auf den Sitz und knallte die Autotür zu. Ich konnte gar nicht so schnell denken und realisieren, was hier gerade geschah, so

schnell saßen wir im Auto und fuhren auch schon los.

Dieses Mal saß die „Alte" aber nicht in der Küche. Sie hatte also keine Ahnung von dem, was hier gerade vor sich ging.

Während der Autofahrt bemühte ich mich, mit all meiner kindlichen Wortgewandtheit, meinen Vater zu beruhigen.
Ich strengte mich so sehr an, um bloß nicht in Panik zu geraten.
Mit lieblicher Stimme redete ich permanent auf ihn ein, und versuchte ihm klar zu machen, dass es doch noch viel hübschere Frauen als Ulrike gäbe. Sogar bei der Suche nach diesen Frauen würde ich ihm gerne behilflich sein, versprach ich ihm. Ich zählte ihm sogar einige der Frauen, die ich kannte, auf.
Nicht einmal vor meiner Lehrerin machte ich halt. Alles nur in der Hoffnung, ihn von seinem Vorhaben abzubringen.

Ich hatte wieder einmal Todesangst!
Schon so oft hatte ich mir bisher meinen Tod gewünscht.
Aber so wollte ich dann doch nicht sterben!

Mein Vater schrie mich nur an, dass ich endlich meine dumme Fresse halten solle. Ansonsten würde er mich sofort abknallen. Die Sache war klar.

Von dieser Sekunde an verhielt ich mich ganz still und überlegte, wie ich ihm und dieser Situation entkommen könnte. Eine kurze Überlegung, aus dem fahrenden Wagen zu springen, verwarf ich ganz schnell wieder. Die Entfernung, um nach Hause zu laufen, war schon viel zu groß. „So schnell kannst Du gar nicht laufen, wie der abdrückt", dachte ich mir. Mich in diesem Wald zu verstecken hätte auch nichts gebracht, dafür war er zu dünn bewachsen, bot nirgendwo den geringsten Schutz. Somit hätte er mich überall sehen und sofort erschießen können. Eine Flucht schien mir also vollkommen aussichtslos.
Mir blieb nur noch die Hoffnung, dass Ulrike tatsächlich kommen würde.

Die Tatsache, dass sie allerdings gar nicht wusste, wo sich mein Vater und ich aufhielten, machte mir jetzt noch größere Angst. Er hatte ihr ja überhaupt nicht gesagt, dass er mit mir in den Wald fahren würde.

Unaufhörlich dachte ich, langsam aber sicher schon verzweifelt, darüber nach.
Kommt sie tatsächlich?
Warum sollte sie sich das eigentlich antun und uns suchen?
Würde sie uns denn überhaupt finden?
Kannte sie eigentlich den Weg zu unserem Waldgrundstück?

In meinem Kopf drehte sich alles.

Im Wald angekommen postierte er sich, mit seinem geladenen Gewehr, hinter einem Baum.
Und ich musste mich vor diesen Baum stellen. So, dass er mich genau im Visier hatte. Ganz still sollte ich stehen, schrie er mir zu, während er die gesamte Zeit mit dem angelegten Gewehr auf mich zielte.
So standen wir für eine gefühlte Ewigkeit da.
Jeden Augenblick erwartete ich den Schuss, der hier und jetzt mein Leben beenden würde.
Und wieder zitterte ich vor Angst.
Vor nackter Todesangst!
Diese seelische Anspannung war kaum noch auszuhalten.
Der Situation völlig hilflos ausgeliefert,

verharrte ich ängstlich und total eingeschüchtert vor diesem Baum.
Immer noch eine gefühlte Ewigkeit!
Der Weg zu diesem Wald war sehr holprig und man konnte daher nur sehr langsam mit dem Auto den schmalen Pfad hinunter fahren. Deshalb konnten wir, lange bevor ein Auto zu sehen war, dieses aber schon aus der Entfernung hören.
Als ich den Wagen, der etwas weiter weg parkte, endlich sehen konnte, sah ich meine Mutter aussteigen. Und Ulrike, die aus der Fahrerseite des Autos ausstieg. Sie lief nur sehr zögerlich und augenscheinlich völlig verängstigt hinter meiner Mutter her. Nichtsahnend, was sie im nächsten Moment erwarten würde.
Beide Frauen blieben in sicherer Entfernung stehen, um sich einen Überblick über diese, wahrhaft bedrohliche Situation zu verschaffen.

Ich konnte sie ganz genau sehen, traute mich aber nicht, ihnen zu zurufen. Keinesfalls wollte ich meinen Vater erschrecken oder gar noch mehr verärgern. Denn nach wie vor war das Gewehr auf mich gerichtet und sein Finger am Abzug.

So blieb ich mucksmäuschenstill und rührte mich nicht von der Stelle.
Es wäre für ihn nur ein Leichtes gewesen, einfach abzudrücken, so, wie er es wohl geplant hatte.
Jedes, noch so kleine knackende Geräusch, ließ mich erschrecken und zusammenzucken. Ich musste jeden Moment mit dem tödlichen Schuss rechnen!

Sie redeten eine Ewigkeit mit Engelszungen auf meinen Vater ein und versprachen ihm die Erfüllung jeder, auch noch so absurden Forderung.
In allen Einzelheiten beschrieben sie ihm was, wann, und wo etwas geschehen könnte. Alle seine Phantasien und Träume sollten Wirklichkeit werden können.

Diese Situation war so makaber, dass sie auch schier unbeschreiblich ist. Es gibt auf dieser ganzen Welt keine Worte, die dieses Szenario auch nur ansatzweise beschreiben könnten, so grotesk war es.

Die Wortführung übernahm von Anfang an meine Mutter. Ulrike bejahte nur, oder nickte befürwortend mit ihrem Kopf. Die Angst, die

sie nicht mehr überspielen konnte, sah ich ganz genau in ihren rotunterlaufenen und mit Tränen gefüllten Augen. Tapfer blieb sie jedoch ganz dicht neben meiner Mutter stehen, auch wenn ihr bestimmt zum Weglaufen zu Mute war.
Ich weiß aber, dass sie das alles nur für mich tat.
Was muss nur in ihr vorgegangen sein?
Ich verdanke ihr mit absoluter Sicherheit mein Leben und hatte seitdem noch nie die Chance, mich dafür bei ihr zu bedanken.

Es war so beschämend für mich und bestimmt auch für Ulrike, diese ganzen perversen Phantasien meines Vaters bis ins kleinste Detail anhören zu müssen.
Einfach nur widerlich!
Er muss vollkommen krank in seinem Kopf gewesen sein, überhaupt nicht mehr Herr seiner Sinne.
Eigentlich ein Dauerzustand!

Nach mehreren Stunden, es war inzwischen schon dunkel geworden, war es dann endlich so weit. Ulrike und meine Mutter hatten es tatsächlich geschafft, ihn davon zu überzeugen, dass er sein Gewehr von mir

abwenden und es auf den Boden legen sollte. Ganz langsam ging meine Mutter zu diesem Gewehr, hob es auf und schaute nach, ob es überhaupt geladen wäre.
Es war geladen!
Mein Vater stand immer noch hinter dem Baum. Ich hingegen lief Ulrike in die Arme, und sie drückte mich weinend ganz fest an sich. Geredet haben wir beiden nichts. Kein Wort kam uns über unsere Lippen.
Geschockt, erleichtert aber immer noch voller purer Angst blieben wir einfach nur auf der Stelle stehen, an der Ulrike schon seit mehreren Stunden stand.
Wir blickten hinauf zu meinen Eltern, die sich, zwar ruhig, aber offenbar sehr ernsthaft unterhielten. Worum es in diesem Gespräch ging, konnten wir nicht hören. Meine Mutter hielt jedenfalls das Gewehr fest in ihrer linken Hand, halb hinter ihrem Rücken versteckt.
Ob sie es vorher entladen hatte, weiß ich nicht mehr.
Nach einigen Minuten kamen meine Eltern direkt auf uns zu. Der Blick meines Vaters war starr, als ob er förmlich durch uns hindurch schauen würde.
Diesen Blick kannte ich schon zu Genüge von

ihm.
Alle vier gingen wir zu den abgestellten Fahrzeugen. Erst meine Eltern, und ein gutes Stück dahinter, Hand in Hand, Ulrike und ich. Immer noch redeten wir kein einziges Wort. Zu tief saß der Schock über diese bizarre Situation. War uns allen wohl die ernsthafte Bedrohlichkeit der Lage zweifellos immer bewusster.
Auch zwischen meinen Eltern fand keine Unterhaltung mehr statt.
Totenstille herrschte auf dem ganzen Weg. Unten angekommen blickte Ulrike noch einmal zu mir, stieg dann in ihr Auto und fuhr davon. Ich musste gemeinsam mit meinen Eltern, in unserem Wagen, nach Hause fahren. Das Gewehr legte meine Mutter, bevor wir losfuhren, wohl vorsorglich in den Kofferraum. Zu dieser Zeit besaßen wir einen alten, grünen Ford-Combi, und in jeder Kurve konnte man das Gewehr von einer Seite auf die andere schlittern hören.
Es war ein sehr nervenaufreibendes Geräusch, das mein Vater in jeder Kurve daran erinnerte, weshalb wir eigentlich unterwegs waren.
In jeder Kurve betete ich, ganz leise, dass er nicht anhält und sein Vorhaben doch noch zu

Ende bringen würde.
Aber auf diese Idee kam er, Gott sei Dank, nicht.
Ich konnte es kaum erwarten, endlich zu Hause anzukommen und diesem Horror zu entkommen. Obwohl der Wald von unserem Zuhause nur ungefähr zehn Minuten entfernt lag, fühlte es sich an, als ob die Heimfahrt nie ein Ende nehmen würde.

Doch dann, endlich, kamen wir unversehrt wieder zu Hause an.
Sofort sprang ich aus dem Auto heraus und ohne auch nur noch einmal zurück zu blicken, lief ich ins Haus hinein. So schnell ich konnte, rannte ich die Treppen hinauf. Oben in meinem Zimmer angekommen, legte ich mich in voller Montur in mein Bett und zog mir die Bettdecke über den Kopf.
Endlich konnte ich weinen.
Jetzt brach alles aus mir heraus.
Die ganze Angst.
Die ganze Anspannung.
Alles.
Ich weinte und wimmerte nur noch.
Natürlich wieder ganz leise, damit man mich nicht hören konnte.
Ich weinte mich wohl schließlich in den

Schlaf, denn es musste einige Zeit vergangen sein, seit ich mich hingelegt hatte. Als ich nämlich noch einmal aufstehen wollte, bemerkte ich, dass es schon Nacht war, meine Eltern in ihrem Bett lagen und tief und fest schliefen.

Über diesen Vorfall, wie auch über alle anderen, wurde natürlich nicht weiter geredet.
Niemals.

Bereits am nächsten Tag musste ich schon wieder, unter Ekel und Widerwillen, auf dem Schoß meines Vaters sitzen und mit ihm schmusen.
So, als ob nie etwas geschehen wäre.

Von Ulrike habe ich seit diesem Tag nie wieder etwas gehört oder gesehen.
Ich könnte mir gut vorstellen, dass sie meinen Eltern mit der Justiz gedroht hat, falls man sie weiterhin belästigen würde.
Wie gesagt, Genaues weiß ich nicht. Aber ich musste sie, von diesem Tag an, auch nie wieder anrufen. Weder kam sie zu Besuch, noch besuchten wir sie.
Der Kontakt war endgültig und komplett

abgerissen.

Einige Wochen nach diesem Vorfall sah ich in meinem Leben absolut keinen Sinn mehr. Ich beschloss es zu beenden.
Unumstößlich!

Ich war inzwischen neun Jahre alt, und eine Besserung meines elenden Daseins war bei weitem nicht in Sicht.
Wieder einmal saß ich in meinem Versteck hinter der Hecke des Nachbarn, als mir mein bisheriges Leben, wie ein Film, durch den Kopf lief.
Erschüttert aber keineswegs Überrascht, stellte ich für mich fest, dass es alles andere als lebenswert war.
Nur schlechte Erlebnisse konnte ich mir gedanklich rückblickend aufzählen.
Aber nicht ein positives Ereignis.
Nicht ein einziges!
Und das mit neun Jahren.

Es ist „Halbzeit", schoss es mir durch den Kopf.
Ich müsste es also noch einmal so lange aushalten, bis ich volljährig wäre und endlich aus dieser Hölle fliehen könnte.

„Nein, das halte ich unmöglich noch länger durch", dachte ich mir.

Und außerdem, wer würde mich denn schon vermissen, außer Martina, der großen Schwester, mit der ich zu diesem Zeitpunkt aber leider keinen Kontakt haben durfte.
Meinen Eltern wäre es mit Sicherheit egal gewesen, ob ich lebe oder tot wäre.
Mein Entschluss, mir das Leben zu nehmen, stand fest.

Ich musste einen günstigen Moment abwarten, um mich heimlich ins Haus zu schleichen. Grundlose Prügel wollte ich mir nicht noch einmal einhandeln.
Die hatte ich für heute schon bekommen.
Und meine Absicht, mein Leben zu beenden, wollte ich mir von meinen Eltern nicht durchkreuzen lassen.
Wenn einer das Recht hat mich umzubringen, dann ich. Nur ich.
Meinen Eltern gönnte ich diese Tat absolut nicht.

Nach ein paar Stunden konnte ich beobachten, wie meine Eltern in unserem Auto davon fuhren.

Sie begannen ihre Route und sammelten wieder Essensreste von den umliegenden Hotels und Gaststätten ein.

Also blieb mir genügend Zeit, mich an unserer Medikamentenschublade, aus der ich einige Jahre zuvor schon den Schlafsaft herausnahm, zu bedienen.
Auswahl war, Dank meiner Mutter, reichlich vorhanden. Wahllos griff ich mir eine Packung nach der Anderen. Ich ließ aber immer noch einige Tabletten in jeder Schachtel, damit es nicht gleich auffallen würde, dass einige fehlen würden.

Mit, meiner Meinung nach, genügend „Material" und einem Glas Wasser ging ich die Treppen hinauf in mein Zimmer. Ich setzte mich auf mein Bett und sah mich noch einmal um. Fest davon überzeugt, dass es das letzte Mal sein würde.
Eine Tablette nach der anderen schluckte ich und nippte zwischendurch immer mal wieder am Wasserglas. Eine ganze Handvoll Tabletten und Dragees der verschiedensten Farben und Größen, hatte ich nun zu mir genommen.
Nachdem keine einzige mehr übrig war, legte

ich mich in mein Bett und hoffte, ganz im Gegensatz zu damals, nicht erst als Erwachsene wieder aufzuwachen, sondern nie wieder aufzuwachen.
Was das für Tabletten waren, die ich zu mir nahm, wusste ich nicht. Ich ging davon aus, nach den angeblich schweren Gebrechen meiner Mutter, dass es ganz bestimmt sehr starke Medikamente sein müssten.

Falsch gedacht!

Es müssen zwischen den sicherlich durchaus stärker wirkenden Herztabletten, auch einige harmlose Vitamine oder ähnliche Aufbaupräparate gewesen sein.
Jedenfalls führten diese von mir eingenommenen Arzneien nicht zu dem gewünschten Erfolg.
Mir ging es zwar so richtig schlecht, aber zum Sterben reichte es nun doch nicht.

Immer wieder döste ich ein, wurde dann aber mit starkem Herzrasen, Schweißausbrüchen und enormen Magenkrämpfen wieder wach. Mein ganzer Körper schmerzte. Ich wusste gar nicht mehr, wie mir geschah. Mir war nur noch übel, und alles um mich herum schien

sich, wie ein Karussell zu drehen.
Unaufhörlich, immer schneller.
Manchmal hatte ich fast das Gefühl, dass es jetzt endlich so weit sei und ich sterben würde.
Doch dann wachte ich immer wieder auf.
Wie in kaltem Schweiß gebadet kam ich mir vor. Ich bemerkte auch, dass meine Finger um das Doppelte angeschwollen waren. „ Na toll" dachte ich mir noch, „hoffentlich lassen sie meinen Sarg geschlossen, damit mich bloß niemand mehr sehen kann." Und schon war ich wieder weggetreten.
Jegliches Zeitgefühl hatte ich mittlerweile verloren. Ich wusste nicht, wie spät oder welcher Tag es mittlerweile war.
Auch, dass ich kein einziges Mal zur Toilette musste, kann ich bis heute nicht verstehen.

Es waren gerade Sommerferien. Und da ich deshalb nicht zur Schule musste, bemerkte auch niemand mein Verschwinden. Meinen Eltern schien meine Abwesenheit sowieso nicht aufgefallen zu sein.
Hatten sie es wirklich nicht bemerkt, oder war es ihnen einmal mehr einfach egal?
Ich denke mal, dass eher Letzteres zutrifft.

Ich habe keinerlei Erinnerung mehr daran, ob ich enttäuscht oder erleichtert darüber war, dass mein Versuch, mir das Leben zu nehmen, fehlgeschlagen war.
Aber von nun an beschloss ich jedenfalls, nicht mehr täglich um mein Überleben zu kämpfen, sondern mich meinem Schicksal einfach ohne Gegenwehr zu ergeben.
Sollte es doch einfach so kommen, wie es mir vorbestimmt war.
Irgendwann, da war ich mir ganz sicher, würde mich einer von den Beiden doch noch totschlagen.
Es wäre eigentlich nur noch eine Frage der Zeit.

Nach, ich schätze mal zwei Tagen, konnte ich mein Bett wieder verlassen.
Lebend!
Es ging mir noch nicht sonderlich gut, und ich hatte einen höllischen Durst. Benommen und vollkommen kraftlos, torkelte ich förmlich langsam die Treppe hinunter.
Einen Weg, von dem ich dachte, ihn nie wieder zu gehen.
Ich wollte in die Küche und kam an der Flurgarderobe vorbei, an der sich auch ein Spiegel befand.

Unwillkürlich schaute ich in ihn hinein und erschrak mich sehr über diesen Anblick, der sich mir bot. Ich war kalkweiß und hatte mehr als nur große und dunkle Augenringe. Wie ein Gespenst, so wirkte ich auf mich selbst.
Meine Mutter jedoch sah mich nur an und meinte, dass ich ihr beim Kochen helfen solle.
Warum ich so aussah, oder wo ich mich die ganze Zeit aufhielt, wollte sie gar nicht erst wissen.
Ohne jeden Zweifel war es mir ganz deutlich anzusehen, dass es mir eigentlich ziemlich dreckig ging.

Natürlich war ich an dieser Situation selbst Schuld. Ich habe mir diesen Zustand ja selbst herbeigeführt. Auch wenn ich ein ganz anderes Ergebnis beabsichtigt hatte.

Aber interessiert hat das meine Mutter trotzdem in keinster Weise.
Wie immer!
Es wird sich niemals ändern.

Ich hatte weder Energie, noch konnte ich das Essen für meinen Vater auf dem Herd riechen

ohne einen Brechreiz zu bekommen. Wortlos ging ich an ihr vorbei und trank erst einmal Leitungswasser.
Viel Leitungswasser!
Ohne Glas, direkt aus dem Wasserhahn.

Danach ging ich genauso kraftlos und bucklig in mich zusammengefallen, wieder hinauf in mein Zimmer, so, wie ich schon herunter kam und legte mich in mein Bett. Die darauf folgende längere Zeit verschlief ich.

So nach und nach bemerkte ich, dass es mir langsam aber deutlich besser ging, und einige Tage später verrichtete ich zu Hause schon wieder meine Arbeiten, wie üblich, als wenn nie etwas geschehen wäre.

Gekümmert hat sich, wie immer, niemand um mich.

Kapitel 13

Ist es endlich vorbei?

Nun war es wieder so weit. Die Vorweihnachtszeit rückte unaufhaltsam näher.
Alleine schon die Vorstellung an diese, eigentlich doch friedvolle und besinnliche Jahreszeit, ließ mir regelrecht und regelmäßig einen üblen Schauer über den Rücken laufen, in banger Erwartung auf die Dinge, die sich wohl dieses Jahr ereignen würden.

Friedvoll und besinnlich?
Aber doch nicht bei uns!
Darauf war Verlass!

Mit jedem weiteren Adventssonntag nahmen Aggression und Brutalität unseres Vaters in einem nicht zu beschreibenden Ausmaß zu. Man befand sich in der Weihnachtszeit auf einem noch stärkerem, nicht enden wollendem Höllentrip, in dem man eigentlich sowieso schon das ganze Jahr gefangen war. Nur eben erfuhr er in den „ besinnlichen

Tagen", jedes Mal eine neue Qualität.
Der Heilige Abend sprengte dann, immer wieder, jedes Jahr aufs Neue, alle Vorstellung von dem Ausmaß des Terrors und Gewalt in unserem Hause.

Und ein solcher Tag stand nun wiederum vor der Tür.
Der Heilige Abend 1981.
Ein Datum, das mir und meinen Geschwistern, unser ganzes Leben lang in ganz gravierender, unauslöschlicher Erinnerung bleiben wird.

Schon Tage zuvor hatte es angefangen zu schneien, und es erweckte den Anschein, dass wir in diesem Jahr eine weiße Weihnacht „feiern" könnten. Täglich kam neuer Niederschlag hinzu, worüber wir Kinder uns natürlich ganz besonders freuten.
Auch an diesem Morgen hatte es bereits schon geschneit, und der wolkenbedeckte Himmel ließ auf noch mehr davon hoffen. Einfach traumhaft und perfekt.

Am späten Vormittag spielte ich mit der Nachbarstochter, Tamara, deshalb draußen, unter freiem Himmel, und wir genossen diese

herrliche Winterlandschaft.
Tamara, deren Mutter nicht nur unsere Nachbarin war, sondern auch meine Patentante ist, war sechs Jahre älter als ich. Und mit meinen zehn Jahren gehörte ich nicht gerade zu ihrer bevorzugten Altersklasse mit der sie sich normalerweise abgab. Dennoch spielte sie zwar selten, aber doch ab und zu mit mir.
So war es auch an diesem Vormittag, was sich im Nachhinein für mich als großes Glück herausstellen sollte.

Auf unserem Grundstück, direkt vor dem Garten, bauten wir uns aus dieser üppigen weißen Pracht eine Wohnung.
Tisch, Stühle, Sofa, alles was es normalerweise dort zu finden gibt, formten wir beide aus diesem Schnee und amüsierten uns köstlich dabei. Die Kälte, die diese Jahreszeit normal mit sich bringt, störte uns in keinster Weise.
Wir hatten einfach nur riesigen Spaß und waren glücklich.
Der Altersunterschied spielte überhaupt keine Rolle mehr.

Dass meine Eltern während dessen in unser

Auto eingestiegen sind und wegfuhren, hätten wir in unserem Spiel gar nicht bemerkt, wenn sie nicht für einen kurzen Augenblick mit dem Wagen direkt neben uns stehen geblieben wären.
„Wir sind gleich wieder da", rief meine Mutter vom Beifahrersitz aus, vorbei an meinem Vater, aus dem geöffneten Autofenster der Fahrerseite. Er sagte nichts, schaute nur zu mir herüber und sah mich wortlos an.
Dann fuhren sie davon.

Ich wusste, dass wieder einmal weder Lebensmittel noch Geld im Haus waren. Deshalb mussten Nahrungsmittel, besonders aber Alkohol für meinen Vater, besorgt werden.
Wie immer, in solchen Situationen, ging meine Mutter in den kleinen Dorfladen, besorgte dort die nötigsten Nahrungsmittel, und ließ alles anschreiben.
Mittlerweile gab es nur noch ein Geschäft, das sie betreten durfte. Bei dem Einen hatte sie Hausverbot, weil sie die Rechnungen schon seit mehreren Monaten nicht bezahlt hatte, bei dem Anderen wegen Diebstahls. Ja, sie ließ wohl nicht gerade selten etwas mitgehen.

So blieb nur noch ein Tante-Emma-Laden übrig, deren Inhaber uns, insbesondere zur Weihnachtszeit, das Anschreiben erlaubte. Irgendwie aus Mitleid mit uns.
Wie immer war unsere Mutter mit ihrer obligatorischen „Haustracht" bekleidet. Sprich: schmutzige Kittelschürze, kurzärmlige Strickweste und olle Hausschuhe.
Mein Vater hatte seine Arbeitskleidung an. Alles, so wie immer.
Wir Kinder spielten weiter und setzten den Bau unserer luxuriösen Schneewohnung fort. Es verging schon noch einige Zeit, bis mein Vater alleine zurück kam. Er fuhr an uns beiden vorbei und bog, wie gewöhnlich, in unsere Grundstückseinfahrt ein. Auch, dass er gleich in seiner Werkstatt verschwand, war für mich keine Besonderheit. Machte er ja so oft, fast immer so.

Aber nur wenige Minuten nachdem er wieder zu Hause war, rief er mich ganz energisch zu sich in den Hof.
Natürlich lief ich sofort zu ihm, wusste ich doch ganz genau, dass es auf jede Sekunde ankam, wenn er rief und nach mir verlangte. Denn noch ungeduldiger als üblich, war unser

Vater in der Weihnachtszeit. Um die ohnehin schon gereizte Grundstimmung nicht noch mehr anzuheizen, tat ich alles nur erdenklich Mögliche.
Auch Tamara, zu meinem großen Glück, lief mit mir in unseren Hof.
Hinter dem großen Scheunentor stand mein Vater. Weil von dem, in der Waagerechten, zweigeteilten Tor aber nur die obere Hälfte geöffnet war, konnten wir ausschließlich seinen Oberkörper sehen.
Trotzdem sahen wir sofort, dass er irgendetwas in seinen Händen hielt.
Genau erkennen was es war, konnte man nicht, aber ich hatte ja schon öfter die „Bekanntschaft" mit den Waffen meines Vaters gemacht, und so konnte ich die Umrisse des Gegenstandes eindeutig einem Gewehr zu ordnen.
Seine starke Alkoholfahne war ebenfalls von uns beiden, mehr als es uns lieb war, auch von weitem zu riechen.

Er war äußerst ungehalten, ja richtig zornig darüber, dass ich Tamara mitbrachte, rief er doch schließlich nur mich zu sich. Er schimpfte und brüllte deshalb lauthals und jagte uns Kinder wieder aus dem Hof.

„Verschwindet“, schrie er in einem solch furchterregenden Ton, der Tamara augenblicklich eine solche Angst einjagte, dass sie auf der Stelle kehrt machte und gleich nach Hause lief. Mich erschrak dieses Gebrülle von ihm nicht im Geringsten. Ich war es ja nicht anders gewohnt.

Das war doch für mich der pure Alltag. „ Verschwinden? Nichts lieber als das“, dachte ich mir und erfüllte ihm seinen „Wunsch“ sofort.

Alleine hatte ich aber keine Lust mehr, weiter draußen zu spielen und machte mich auf den Weg in unsere Küche. Auch mein Vater kam die Treppen im Vorbau hinauf. Er aber ging geradewegs in unser so genanntes „Kaminzimmer“. Wie immer ließ er rücksichtslos alle Türen offen stehen.
Die Haustüre, die Tür zum „Kaminzimmer“ und auch unsere Küchentür waren, trotz der herrschenden winterlichen Kälte, sperrangelweit geöffnet.
Ich hörte, wie mein Vater in dem angrenzenden Zimmer immer weiter schimpfte und sich an irgendetwas zu schaffen machte. Es rumpelte und hörte sich

so an, als ob er das komplette Zimmer umräumen würde.
Ich schaute natürlich nicht nach und ließ ihn machen.

In diesem Moment kam unsere Mutter, weinend und total außer Atem, zur Haustür herein gerannt. „ Heinrich, so lass es Dir doch erklären." Weiter kam sie nicht, da hatte sie schon die ersten Schläge von ihm im Gesicht.
Es herrschte ganz plötzlich ein riesiger Tumult in unserem kleinen Hausflur. Ein Handgemenge mit Geschrei, Schlägen und Tritten setzten sich von einem Zimmer bis ins nächste fort.
Meine Jacke hatte ich noch an, weil ich wie versteinert diese Szenen, wie in einem Kinofilm, verfolgte.
Mittlerweile bekam ich mit, dass es bei diesem Streit irgendwie um eine rote Lederhose ging.
Diese Bezeichnung benutzte mein Vater jedenfalls klar und deutlich lautstark brüllend in jedem zweiten Satz.

Mir ist bis heute absolut schleierhaft, was es mit dieser roten Lederhose auf sich hatte, was überhaupt damit gemeint sein konnte.

Mit Prügel begleitet, wieder im Hausflur angekommen, füllte der sich noch mehr, weil nun auch plötzlich, wie aus dem Nichts, meine Schwägerin, Uwes Frau, hinein kam. „Schwiegervater, was machst Du denn? Lass doch die Waltraut los", sagte sie in einem ganz ruhigen, besänftigenden Ton zu meinem Vater.
So wollte sie ihn wohl beruhigen und versuchen, ihn von meiner Mutter loszubekommen.
Sie setzte gerade zum nächsten Satz an, als er sich sofort ihr zuwandte, auch sie lauthals anschrie und mit einem kräftigen, unkontrolliertem Stoß aus dem Flur beförderte.
Danach versetzte er ihr einen solch starken Fußtritt, wie immer mit seinen Stahlkappenschuhen, dass sie es gerade eben noch verhindern konnte, kopfüber die Steintreppe hinunter zu stürzen.

Was er bei solchen Fußtritten treffen würde, war ihm egal. Er trat nur wahllos zu.
In diesem Fall war es die Wade. Die offene Wunde musste anschließend im Krankenhaus

genäht werden.
Sofort konnte man das Blut erkennen, das sich durch ihr Hosenbein seinen Weg suchte.
Nun schrie und weinte auch meine Schwägerin. „ Das lasse ich mir nicht gefallen. Das sage ich dem Uwe, der kommt und schlägt Dich tot‟, schrie sie, während sie im Laufschritt eilig in Richtung Straße lief.

Diese Gewalt und auch diesen Terror gab es in unserem Haus ja nun wirklich ständig, aber das heute war doch außergewöhnlich. Noch nie vergriff sich mein Vater an meiner Schwägerin oder anderen außenstehenden Menschen. Ausschließlich nur an seiner Frau und seinen Kindern.
Mit meinen mittlerweile zehn Jahren war mir sofort bewusst, dass heute etwas noch Schlimmeres als sonst passieren würde, dass das noch lange nicht alles gewesen sein würde.

Und ich hatte mich nicht getäuscht!
Wie meine Mutter es schaffte, von dem „Alten‟ los zukommen, kann ich nicht mehr sagen. Jedenfalls lief sie hastig hinüber zu unserer Nachbarin.
Und ich hinterher.

Die stand bereits in ihrer Garage und schaute zu uns herüber. Sie hatte das neuerliche Spektakel, das sich bei uns schon wieder abgespielt hatte, sehr wohl gehört.
Wir Drei standen schließlich in ihrer Garage und meine Mutter begann zu erzählen, dass sie mit Heinrich zum Einkaufen in den Dorfladen gefahren sei. Dort hätte er sich eine Flasche Schnaps aus dem Regal genommen und sich dann wieder in unser Auto gesetzt. Sie habe den Einkauf fortgesetzt, konnte aber vom Schaufenster aus sehen, wie er die Schnapsflasche ansetzte und bis zur Hälfte austrank.
Auf der Heimfahrt wäre es dann zu einem solchen Streit gekommen, dass er sie mittendrin einfach aus dem fahrenden Auto warf.
Ein Dorfbewohner, der zufällig einige Minuten später mit seinem Wagen an dieser Stelle und an ihr vorbei fuhr, wunderte sich, dass sie sich nur so dünn bekleidet im Dorf aufhielt. Also ohne Mantel oder Jacke. Er stoppte, lud sie ein und fuhr sie nach Hause. Sie bat meine Patentante, wieder einmal mehr, sich um mich zu kümmern.
Der „Alte" ist heute völlig durchgedreht", sagte sie noch zu ihr. Nach wenigen Minuten

verließ meine Mutter die Garage und ging wieder hinüber zu uns nach Hause.
Ich hingegen blieb bei der Nachbarin und setzte mich in ihrer Küche an den Tisch.
Mein Blick schweifte durch das Küchenfenster. Total in Gedanken, über die momentane Situation, die so vollkommen anders war als sonst.

Immer nur sporadisch bekam ich die Informationen mit, die meine Mutter unserer Nachbarin über den Gartenzaun zurief.

Unser Vater musste wohl wirklich komplett durchgedreht sein.
Mittlerweile habe er schon im ganzen Haus Benzin vergossen, um es in Brand zu stecken. Bei ihrer Begegnung auf der Vorbautreppe hatte er wohl gar nicht mehr registriert, dass er beim Hinuntergehen an unserer Mutter vorbei kam.
Er hätte sie nicht einmal mehr bemerkt.
Nicht mehr ansprechbar war er zu diesem Zeitpunkt.

Man habe nur noch das Weiße in seinen Augen gesehen, berichtete unsere Mutter später.

Immer wieder kam sie herüber und hielt sich für einige Minuten in der Garage auf, um sich zu beruhigen.
Und jedes Mal versuchten meine Patentante und auch ich, sie davon abzuhalten wieder hinüber zu gehen.
Schließlich hatte er doch offenbar die ernste Absicht das Haus anzuzünden.
Dennoch ging sie immer wieder.

Warum niemand Hilfe holte, die Polizei rief, bleibt mir schleierhaft.
Auch trotz allen Überredungsversuchen unserer Nachbarin und meines Bettelns und Heulens, brachten wir sie nicht dazu, bei uns zu bleiben. Ich hing mit meinem ganzen Körper an ihrem Arm, um sie zurückzuhalten.
Das ließ sie völlig kalt.
Registrierte es nicht einmal. Ich zählte eben sowieso nicht.
Auch wenn sie mir bis dahin schon so viel angetan hatte, versuchte ich dennoch, sie bei mir und festzuhalten.

Es hätte mir eigentlich vollkommen egal sein müssen, was mit ihr passiert.
Ich weiß nicht warum, aber trotzdem kämpfte ich um sie.

Wieder ging sie rüber.
Für etwa eine Stunde pendelte sie förmlich zwischen den beiden Häusern hin und her. Mal wusste sie, wo sich ihr Mann gerade im Haus aufhält, mal wusste sie es nicht.

Wir alle waren zwar in äußerster Aufregung, aber dennoch spielte sich alles, eigentlich seltsam, in einer vollkommenen Ruhe ab. Keine Spur von Hektik.
Es war eine mir völlig unbekannte und merkwürdige Situation, die sich eigentlich nicht rational beschreiben lässt.

Mehrmals versuchte Tamara, mich mit in ihr Wohnzimmer zu nehmen, um dort mit ihr und ihrem Vater den Weihnachtsbaum zu schmücken.

Ihr Vater kümmerte sich nicht um die Ereignisse in unserem Haus, nicht ein Bisschen. Schon immer ignorierte er alles, was um ihn herum, insbesondere bei uns, geschah.
Tamara wollte mich, wahrscheinlich in bester Absicht, einfach nur ablenken.
Aber ich hatte absolut kein Verlangen danach, in dieser Situation mit zu helfen,

einen Baum zu dekorieren. Lieber blieb ich am Küchentisch sitzen und starrte weiter aus dem Fenster.
Wie ferngesteuert. Als ob es dort draußen das Spannendste und Interessanteste zu sehen gegeben hätte. Tatsächlich gab es aber nichts zu sehen.
Also ging sie ohne mich zurück zu ihrem Vater ins Wohnzimmer.

Als meine Mutter wieder mit unserer Nachbarin in der Garage stand, fing es nochmals an zu Schneien.
Die kleine Straße, die vor kurzem noch vom Schneepflug bis zur Teerfläche freigeschoben wurde, war schnell von den zarten Schneeflocken völlig bedeckt.
Es sah so schön aus, wie die Straße innerhalb nur kürzester Zeit aussah, als ob sie mit Zucker überdeckt wäre.
In idyllischer Stille. Vollkommen ruhig.

Die beiden Frauen unterhielten sich wieder eine Zeit lang in der Garage. Über was, das konnte ich nicht verstehen, dafür sprachen sie zu leise.
Das Garagentor wurde immer geschlossen, wenn unsere Mutter zur „Berichterstattung"

herüber kam. Darauf achtete Tamaras Mutter, ich denke mal aus Angst vor meinem Vater, akribisch.

Während sich die Beiden weiterhin unterhielten, sah ich mit einem Mal meinen Vater.
Ganz langsam kam er, immer noch in seiner Arbeitskleidung, auf das Nachbarshaus zu. Im frisch gefallenen Schnee hinterließ er die einzigen sichtbaren Spuren auf der Straße.

Dieser Anblick, ich weiß nicht warum, faszinierte mich so sehr, dass ich bis heute noch genau dieses Bild vor Augen habe. Ich konnte zweifelsfrei erkennen, dass er, anstatt seine Arbeitsschuhe, jetzt seine hellbraunen Hausschuhe an hatte.

Das war so untypisch für ihn. Nie lief er in diesen Hausschuhen draußen herum, und schon gar nicht bei solch einem Wetter. Seine Arbeitsschuhe, ja die liebte er. Hätte sie auch im Bett am liebsten angelassen.

Als er auf dem Grundstück der Nachbarn war, ging er geradewegs zu deren Briefkasten. Der befand sich gleich neben dem

Eingangstor an der Gartenmauer, nah am Küchenfenster.
Seine Bewegungsabläufe waren so weich, so fließend, so unaufgeregt.

Ich kann es gar nicht wirklich erklären.
So kannte ich ihn überhaupt nicht. Habe ihn so noch nie zuvor gesehen.
Ich beobachtete ihn verdutzt und vollkommen sprachlos.
So ungewöhnlich war er anzusehen.

Natürlich hätte ich zum Fenster gehen können, um mich bemerkbar zu machen. Zu ihm hin gehen. Aber ich blieb weiterhin, wie versteinert, einfach auf dem Küchenstuhl sitzen.
Gerade so, als ob ich mit dem Stuhl verschmolzen wäre.

Ob er in diesem Moment wusste, dass sich meine Mutter und meine Patentante in der Garage aufhielten, glaube ich nicht.
Er schaute nicht einmal in diese Richtung.
Mittlerweile wurde es bereits dreizehn Uhr.

Ganz ruhig, so wie man es von ihm in keinster Weise gewohnt war, blieb er einen kurzen Moment lang vor dem Briefkasten stehen, faltete ein kariertes Blatt Papier korrekt in der Mitte zusammen, strich es mit der rechten Hand noch einmal glatt und warf es ein.

Durch die Helligkeit des Schnees und der Sonne, die genau auf dieses Blatt schien, konnte ich erkennen, dass es gut über die Hälfte beschrieben war.

Nachdem er das getan hatte, drehte er sich um und ging wieder die wenigen Meter zurück nach Hause.
Ohne sich umzusehen. Sein Blick war abwechselnd nur auf den Briefkasten gerichtet oder auf die Straße.

Ich hatte meinen Vater so noch nie erlebt. Er sah so friedlich und ausgeglichen aus, ein völlig anderer Mensch. Er hinterließ damit in mir einen vorher nie gekannten Eindruck.

Erst als ich ihn von meinem Platz aus nicht mehr sehen konnte, stand ich auf und ging zum Küchenfenster. Ganz nah an der Fensterscheibe, ich musste meinen Kopf richtig dagegen drücken, konnte ich ihn noch

kurz sehen. Er bog in unseren Eingangsbereich ein und verschwand.
Nur seine Fußspuren, die er auf der frisch verschneiten Straße hinterlassen hatte, waren noch zu sehen.
Einmal hin zum Briefkasten und einmal zurück nach Hause.
So, als ob niemals zuvor jemand diese Straße je betreten hätte.

Ich blieb noch für einige Sekunden am Fenster stehen und betrachtete diese Spuren.
Sie hatten mich so fasziniert. Ich konnte meinen Blick einfach nicht von ihnen los lassen.
Mag der Himmel wissen warum. Ich weiß es nicht!
Diese Fußabdrücke, diese Fußspuren beeindruckten mich zutiefst.
Waren sie so etwas wie ein Zeichen?
Was auch immer.
Und wenn ich an diesen Tag zurückdenke, sehe ich immer noch als allerererstes diese Fußspuren im Geiste vor mir.
Seltsam, oder?

Nach kurzer Besinnung, so, als ob man von jemandem wachgerüttelt wird, lief ich in die

Garage und erzählte ganz aufgeregt und hektisch, was ich da soeben beobachtet hatte.

Die beiden Frauen unterbrachen sofort ihre Unterhaltung und sahen sich einander, ohne ein Wort zu sagen, ungläubig an.

Es herrschte für mehrere Sekunden eine absolute Stille in der Garage.
Man hätte eine Stecknadel fallen hören können.

Ohne zu wissen warum, war mir in diesem Moment umgehend irgendwie bewusst, dass sich ab jetzt alles in meinem Leben verändern würde.
Nur was oder wie, das wusste ich nicht.
Auch dieses Gefühl war und ist unbeschreiblich. Einerseits kennt man ja das Gewohnte und arrangiert sich irgendwie damit, andererseits fürchtet man das Neue, ungewiss, was da auf einen zukommen wird. Ich hatte ja auch keine Ahnung davon, was ebengerade vor sich ging. In welche Richtung sich diese Veränderung entwickeln würde, war gar nicht abzusehen.
Nur, dass sich ab heute auf jeden Fall etwas

ändern würde, das fühlte ich ohne auch nur einen kleinen Zweifel daran hegend.
Es war eine komplett neue Situation und ein Gefühl, das ich nicht einordnen konnte.

Nachdem sich meine Mutter etwas gesammelt hatte, wollte sie sofort ihrem Mann hinterher. „ Ich muss zu ihm, der tut sich was an", sagte sie zu uns. Beide, unsere Nachbarin und ich, versuchten, schlimmes ahnend, sie umzustimmen.
Erfolglos.
Wieder hing ich an ihrem Arm, wieder riss sie sich los und ging.

Sie fragte nicht einmal, wie es mir geht.
Ohne Rücksicht auf meine Befindlichkeit ging sie einfach nach Hause. Ließ mich stehen.
Begab sich leichtsinnig in diese Gefahr.
Denn, dass auch diese Situation wieder einmal sehr gefährlich war, das wussten wir alle.

Ich halte ihr aber zugute, dass sie bestimmt die Absicht hatte, irgendetwas verhindern zu wollen. Auch sie befand sich wohl in einer dieser Ausnahmesituationen, in denen man nicht mehr klar denken und handeln kann.

Gleich nachdem meine Mutter die Garage verlassen hatte, zog meine Patentante sofort das Garagentor zu. Nur einen kleinen Spalt über dem Boden ließ sie offen. Gerade so viel, dass meine Mutter jederzeit, ganz schnell das Tor hätte hochschieben und hinein flüchten könnte.
Diese Tatsache zeigt wiederum, welche Angst sie vor meinem Vater gehabt haben muss.

Meine Patin ging mit mir zurück in die Küche. Dort setzte ich mich wieder auf den Stuhl, der mir an diesem Tag, so absurd es sich auch anhören mag, für mich das Liebste und der sicherste Ort der Welt war.

Tamara bekam von diesem ganzen Trubel, so glaube ich, gar nichts mit. Viel zu sehr war sie mit dem Schmücken des Baumes beschäftigt. Vielleicht versuchte ihr Vater sie damit aber auch nur abzulenken, damit sie nicht allzu viel von diesem Geschehen mitbekommen konnte. Sie wuchs, im Gegensatz zu mir und meinen Geschwistern, sehr behütet auf. Und so blieb sie wenigstens von dieser, unseren, Familientragödie verschont. Die ganze Zeit verbrachte sie mit ihrem Vater in deren Wohnzimmer.

Ihre Mutter hingegen, pendelte ständig zwischen Wohnzimmer, Küche und Garage hin und her.
Übernervös.
Immer mit einem Blick nach draußen. Das ihr diese Situation äußerst zusetzte, war ihr sehr deutlich anzusehen.

Ich hingegen blieb aber ganz ruhig, total in Gedanken vertieft, fest auf diesem Stuhl sitzen. Ich wollte weder etwas zu Essen, noch zu Trinken. Obwohl mir das fürsorglich mehrfach angeboten wurde.

Es vergingen wieder Minuten.

Plötzlich hörte ich die Stimme meiner Mutter. Sie rief unserer Nachbarin, die mittlerweile wieder in der Garage angelangt war, irgendetwas zu.
Ich bin mir nicht sicher, aber ich glaube, dass sie mehrfach den Vornamen meiner Patin rief.
Daraufhin öffnete unsere Nachbarin das vorsorglich fast geschlossene Garagentor.

Nun wurde die Stimme meiner Mutter deutlicher und ich konnte genau verstehen, was sie meiner Patentante zurief.

Sie muss wohl noch auf unserem Grundstück gestanden haben, denn es hörte sich an, als ob sie über den Gartenzaun rufen würde.

„Er ist tot!
Er hat sich erschossen. Sag` aber Sabine noch nichts davon."

Ich traute meinen Ohren nicht.
Glaubte zuerst, nicht richtig verstanden zu haben.

„ Du bist gut, war die Antwort unserer Nachbarin. „ Das hat Sie doch jetzt schon gehört."

Was hatte sie da gerade gesagt?
Mein Vater, tot?

Tausend Gedanken schossen mir augenblicklich durch meinen Kopf.
Vollkommen fassungslos saß ich weiterhin auf dem Küchenstuhl und wusste nicht, ob ich Lachen oder Weinen sollte.
Tot?
Für immer weg?

Eine solch unglaubliche Nachricht!
Richtig realisieren konnte ich es in diesem Moment noch nicht.
„Die muss sich geirrt haben! Der „Alte“ ist doch unverwüstlich“, war mein erster Gedanke.
Nie wäre es mir auch nur in den Sinn gekommen, dass unser Vater vor mir und meinen Geschwistern sterben könnte. Mir war eigentlich immer völlig klar, dass er uns der Reihe nach, einen nach dem anderen, erschießen, oder weiß der Teufel wie, uns jedenfalls umbringen würde.

Erst jetzt, Stück für Stück, wurde mir das ganze Ausmaß dieser Nachricht bewusst.
Er hat sich im Alter von dreiundfünfzig Jahren doch tatsächlich erschossen!

Nie wieder Terror und Gewalt!
Nie wieder Gebrülle und Geprügel!
Nie wieder Todesangst!

In mir stieg ein unbeschreibliches Gefühl der Erleichterung hoch.
Und ich hatte nur noch den einen Gedanken, der sich wie in einer Zeitschleife, immer und immer wieder in meinem Kopf wiederholte:

„Ist es jetzt wirklich endlich vorbei?“

Meine Mutter kam nicht mehr herüber zu mir. Sie hatte von zu Hause aus sofort telefonisch den Notarzt, die Polizei und meine Geschwister verständigt.

Und das halbe Dorf.

Im Minutentakt klingelte nun bei meiner Patentante das Telefon. Mehrere Dorfbewohner, aber auch Bewohner der umliegenden Ortschaften, erkundigten sich nach diesem Ereignis, wollten wissen, was passiert war.
Mir ist bis heute schleierhaft, wie sich der Selbstmord unseres Vaters, in dieser rasanten Geschwindigkeit, schneller als ein Lauffeuer, verbreitete.

Meine Patentante sagte bei jedem Anruf nur, dass sie jetzt nicht reden könne, da ich, Sabine, neben ihr sitzen würde.
Und so war es ja auch.
Ich klebte förmlich auf diesem Stuhl!

Kurze Zeit später konnte ich die vielen

Fahrzeuge kommen sehen. Eine regelrechte Armada aus Polizei, Notarzt, Krankenwagen, das ganze Aufgebot. Und alle mit Blaulicht. Die gesamte Straße war mittlerweile zugeparkt.
Diese vielen Lichter, das Blaulicht von allen Wagen, dieser Trubel und dieses geschäftige Treiben, wirkten schon sehr beängstigend auf mich.

Jetzt sah ich auch das Auto von meinem Bruder Uwe. Langsam versuchte er, an all den abgestellten Fahrzeugen der Einsatzkräfte vorbei zu kommen, denn um seinen Wagen zu parken, bot sich kein Platz mehr.

Ein Leichenwagen war das letzte Fahrzeug, das an diesem Tag diese schmale Straße befuhr.

Unser Vater Heinrich erschoss sich am Heiligen Abend, am 24. Dezember 1981 mit seinem Gewehr, kurz nach dreizehn Uhr in seiner geliebten Werkstatt.
Wie wir ziemlich schnell erfuhren, befanden sich in diesem Gewehr drei Kugeln.
War es tatsächlich möglich, dass er nicht

alleine sterben wollte?
Dass er uns mitnehmen wollte?
Ganz gewiss. So war es. Ohne jeden Zweifel.

Er hatte die Waffe mit exakt drei Patronen geladen.

Eine für ihn, eine für meine Mutter und eine für mich.

Wäre Tamara, Stunden vorher, nicht zufällig mit in den Hof gekommen, als er nach mir rief, hätte er mich an diesem Tag, am Heiligen Abend, tatsächlich erschossen.

Den Abschiedsbrief, den er in den Briefkasten unserer Nachbarn eingeworfen hatte, habe ich nie wieder gesehen, geschweige denn gelesen.
Bis heute habe ich immer wieder versucht, etwas über den Inhalt dieser letzten Zeilen unseres Vaters heraus zu bekommen.

Leider habe ich das nie erreicht.

Ein Mantel des Schweigens bettet sich undurchdringlich darüber. Und es ist doch so wichtig für Martina und mich. Würden sich

bestimmt ungeklärte Fragen beantworten oder aber auch neue ergeben, die dann wiederum vielleicht rätselhaft bleiben würden.
Wer weiß?

Quasi ein Nachwort

Neben unserer Mutter, waren es nur unsere Brüder Uwe und Wolfgang, die den Leichnam unseres Vaters in der Werkstatt zu Gesicht bekamen.
Immer noch ungläubig darüber, dass er wirklich tot sei, wollte Martina aber auch unbedingt die Leiche sehen.

Sie wohnte mittlerweile schon weit weg vom Saarland in Berlin und war schwanger. Ihr Arzt riet ihr nachdrücklich von dieser Reise ab.
Trotzdem wäre sie noch einmal an den Ort der erleideten Schrecken zurückgekehrt.
Nicht etwa aus Trauer oder um dem Verstorbenen die eine letzte Ehre zu erweisen.
Vielmehr hatte sie das dringende Bedürfnis, mit eigenen Augen zu sehen, dass der verhasste Vater tatsächlich nichts mehr aus- und anrichten konnte.
Sich zu überzeugen, dass der „Alte" wirklich tot war.
Es wäre für sie eine große Beruhigung und

Erleichterung gewesen.
Sie hätte mit dem Erlebten vielleicht endlich abschließen können.
Zumindest hat sie das bis heute in ihrer Vorstellung.

Aber der Leichnam wurde nicht aufgebahrt und niemand durfte ihn mehr sehen.
Sein Grab ist das Letzte in der letzten Reihe auf dem Dorffriedhof.

Um dieses Buch zu schreiben, haben wir etliche Stunden, ja Monate mit unseren Erinnerungen gelebt und uns immer wieder ausgetauscht.

Mit voller Absicht aber haben wir, viele Ereignisse und Erlebnisse hier erst gar nicht erwähnt.

Teils mit dem Willen, damit Menschen nicht vor den Kopf zu stoßen und ungefragt über Vorfälle zu berichten.
Teils aber auch, weil sie im Vergleich zu den gravierenden Vorgängen schon viel zu banal klingen würden.

Trotzdem aber merkten wir aber auch

schnell, dass uns immer noch vieles unklar war und wir kaum Hintergründe kannten, bestenfalls nur vermuten konnten.

Und so beschlossen wir, noch einmal gemeinsam ins Saarland zu fahren, um dort Menschen zu treffen, die noch unsere Familie kannten und uns hoffentlich, vielleicht, unsere Fragen beantworten würden.

Leider war das Ergebnis doch sehr überschaubar.

Manche ahnten auch nichts über Hintergründe, wussten noch nicht einmal von den Vorgängen in unserem zu Hause. Manche trafen wir gar nicht erst an.

Aber bei einer Person, von der wir genau wissen, dass sie uns über so wichtige Sachen hätte Auskunft geben können, stießen wir sogar auf Ablehnung und eisiges Schweigen. Das war schon eine sehr große Enttäuschung für uns und bleibt nachhaltig unverständlich, liegen die Geschehnisse doch bereits so viele Jahre zurück.

Bei allen anderen aber, war die

Wiedersehensfreude nach vierzig Jahren riesig und keinesfalls nur ein höfliches und gespieltes Theater.
Freudentränen bei jedem Einzelnen waren untrügbare Zeichen für die Aufrichtigkeit dieser reizenden, liebevollen Menschen mit einer bemerkenswerten Gastfreundschaft.
Man wollte uns gar nicht mehr gehen lassen.

Hoffentlich sehen wir uns wieder.

Das, was man uns erzählte, fassen wir an dieser Stelle zusammen.

Beginnen wir mit unserem Opa Johann, dem Vater unseres Vaters.
Er hatte ja im Gerichtssaal seine erste Frau mit einem Messer erstochen. Keiner weiß auch nur irgendetwas über die Hintergründe.
Allzulange kann er aber nicht im Gefängnis seine Strafe für diese Tat abgesessen haben.
Irgendwie lernte er seine zweite Frau, unsere Oma, sogar dort kennen.
Während unsere Großmutter eine allseits beliebte Frau war, hatte man vor dem Großvater im gesamten Dorf aber regelrechte Angst.
Nicht nur, dass man um seine Straftat

wusste. Er wurde im Streit cholerisch und lief auch ständig mit einem Messer bewaffnet umher. Damit bedrohte er immer wieder die Leute. Alle fürchteten sich vor ihm, unternommen hat keiner etwas.
Man ging ihm so gut es eben ging, aus dem Weg, wollte bloß nichts mit ihm zu tun haben.

Aber nicht gefürchtet vor ihm hat sich sein eigener Schafbock!
Eines Tages, auf der Weide, griff ihn dieser an. Sein Messer nutzte ihm diesmal nichts. Der Bock trampelte ihn förmlich über den Haufen, warf ihn zu Boden und rammte seine Hörner immer wieder in seinen Körper.
Opa Johann überlebte den Angriff nicht. Er starb noch auf der Weide.

Der Schafbock wurde umgehend geschlachtet und gehäutet. Sein Fell lag jahrelang, wie eine Trophäe, immer abwechselnd, in einem der Zimmer unseres Elternhauses.

Auch irgendwie makaber.

Anscheinend, beginnend mit unserem Großvater, war unsere ganze Familie im Dorf

verschrien. Nur mit dem Nennen des Familiennamens hat man sich schon die Hände über den Kopf geschlagen und war der festen Überzeugung, dass da nichts Gutes rüber kommen könnte.
Auch einer unserer älteren Brüder hat wohl etwas dazu beigetragen. Eigentlich ein gutmütiger und hilfsbereiter Mensch, ging man ihm, wenn Alkohol im Spiel war, besser aus dem Weg.
Insgesamt wurden wir als negative Sippe angesehen.

Aber ganz besonders nachhaltig negativ wirkte unsere Mutter auf die Dorfbewohner.
Sie war bekannt dafür, dass sie sowohl unaufrichtig als auch hinterhältig war und log.
So jedenfalls fasste man ihren Charakter auf.
Und das entsprach ja auch wirklich den Tatsachen.
Keine Frage!
Durch ihre Lügerei schreckte sie auch nicht davor zurück, andere anzuschwärzen, um eigene Vorteile herauszuholen. Hierbei machte sie auch nicht vor Familienmitgliedern halt.
Sie fand immer irgendeinen Sündenbock.

Zum Beispiel beschuldigte sie einen unserer Cousins des Diebstahls. Er soll, so behauptete sie, aus ihrer Räucherkammer Schinken und Wurst in beträchtlichem Umfang gestohlen haben. Unserem Vater war nämlich das Fehlen dieser Dinge aufgefallen.

Unser Cousin durfte nie wieder das Haus betreten.

Tatsächlich aber hat unsere Mutter diese Lebensmittel heimlich verkauft, um an Geld zu kommen, oder sie hat sie als Bestechungsmittel benutzt, um von irgendwelchen Vorgängen abzulenken und zu erreichen, dass niemand darüber sprach.
Immer in der Hoffnung, dass unser Vater ohne Ahnung blieb.
Freilich mit wechselndem Erfolg.
Ihre ausschweifende Lügerei führte schließlich auch zum Bruch der Familie.
Martina durfte schon vor der Geburt Sabines keinen Kontakt mehr zu ihrer Tante haben.
Zu groß war die Gefahr, dass sie von den Lügen hätte erfahren können.
Ihr wurde es ausdrücklich verboten, sie auch nur zu sehen geschweige denn, zu besuchen.

Wir erfuhren auch, dass unsere Mutter schon als Mädchen dieses Wesen hatte. Auch da war sie bereits als Lügnerin bekannt und gefürchtet, war immer „anders“ als der Rest. Aber nicht nur das Lügen war ein Problem. Auch das Stehlen.
Sie zog sich, wenn sie es wieder vorhatte, extra weite Kleidung mit vielen Taschen an, um möglichst viel, unbemerkt mitgehen lassen zu können.
Doch so unbemerkt blieb ihr Verhalten dann doch nicht. Schließlich hatte sie in fast allen Geschäften Hausverbot.
Auch dass sie sogar mindestens einmal Sachen auf fremde Rechnung einkaufen ging erfuhren wir. Tausende von damals noch D-Mark, mussten von dem so geschädigten abgestottert werden.
Was sie aber mit dem so Erworbenen machte oder anstellte, bleibt ein Rätsel.
Wir jedenfalls haben davon niemals etwas zu Gesicht bekommen.

Ihr Spitzname im Dorf war „ Surrie“.
Weil sie immer nur mit sehr schnellen Schritten, flott und agil unterwegs war, also hin und her surrte, gerade so wie eine Fliege.
Woher sie diese Energie nahm, ist uns

unbekannt, kannten wir sie doch nur faul und phlegmatisch, am Küchentisch herumdösend.

Kommen wir zum Schluss zu unserem Vater. Dass er zwei Gesichter hatte, war uns schon allein aus unseren Erfahrungen her, völlig bewusst. Aber dass man ihn allseits als liebenswürdigen, höflichen und geselligen Mitbewohner empfand, der absolut nichts Negatives in seinem Charakter erkennen ließ, haute uns fast um. Macht uns noch heute fassungslos. Er sei stets hilfsbereit, freundlich und zuvorkommend gewesen.
Seinen Selbstmord sehr bedauernd, grübelte man lange Zeit über die bestimmt vorhandenen gravierenden persönlichen Gründe nach, die dieser verzweifelte Mann haben musste, welche ihn schließlich zu dieser Handlung brachten.

Für uns, die ihn täglich im Hause erlebten aber bestimmt auch für Sie, liebe Leserinnen und Leser, die jetzt unsere Geschichte über den vielleicht wichtigsten Teil unseres Lebens gelesen haben, war er nichts als ein Unmensch.
Schlicht der leibhaftig gewordene Teufel in Person!

19080868R00229

Printed in Poland
by Amazon Fulfillment
Poland Sp. z o.o., Wrocław